로고스 씨와
연애하기

세움북스는 기독교 가치관으로 교회와 성도를 건강하게 세우는 바른 책을 만들어 갑니다.

로고스 씨와 연애하기

초판 1쇄 발행 2016년 6월 25일
초판 1쇄 인쇄 2016년 6월 30일

지은이 | 이상예
펴낸이 | 강인구

펴낸곳 | 세움북스
등 록 | 제2014-000144호
주 소 | 서울시 마포구 양화로 78, 502호(서교동, 서교빌딩)
전 화 | 02-3144-3500
팩 스 | 02-6008-5712
이메일 | cdgn@daum.net

교 정 | 김영욱
디자인 | 참디자인

ISBN 979-11-87025-07-8 (03230)

케냐에서 날아온 특별한 말씀 묵상

로고스 씨와
연애하기

글 · 사진 **이상예**

세움북스

"내 눈을 열어서 주의 율법에서 놀라운 것을 보게 하소서 나는 땅에서 나그네가 되었사오니 주의 계명들을 내게 숨기지 마소서 주의 규례들을 항상 사모함으로 내 마음이 상하나이다"(시 119:18-20).

"어쩌다가 케냐 선교사가 됐나요?"

어쩌다가(!) 이런 질문을 받게 되면 난감해집니다. '어쩌다가'라는 짧은 말 아래 제법 커다란 구덩이가 숨겨져 있는 까닭입니다. 구덩이 속에는 한두 마디의 말로 축소시킬 수 없는 복잡하고 뚱뚱한 이야기가 담겨져 있습니다. 그렇다고 이야기의 요약이 아예 불가능한 것은 아닙니다. 짧은 질문에 걸맞는 단출한 대답을 한다면 다음과 같을 것입니다.

"로고스(Logos, 말씀) 씨와 연애를 하다 보니 그렇게 되었네요."

낯선 땅에서 나그네(외국인)로 살아가는 일은 위험합니다. 그러나 로고스 씨 없이 사는 삶은 비교할 수 없을 만큼 훨씬 더 위험합니다. 그래서 저는 나그네가 되기로 했습니다. 로고스 씨 없이 편안하게 사느니 서러운 나그네로 살기로 선택했던 것입니다. 그러나 삶은 동화가 아니기에, '그 후로 그 둘은 오래오래 행복하게 살았답니다!'로 마칠 수가 없었습니다. 로고스 씨와 단둘이 얼굴을 맞대고 사는 일에도 실망이 끼어들고, 권태가 끼어들고, 애증이 끼어들고, 다시 화해가 이루어지길 반복했습니다. 현실의 결혼 생활과 같이 그분과도 지지고 볶으면서 살아가는 중인 것입니다.

구원은 인격적인 사귐을 통해 삼위일체 하나님을 알아가는 과정입니다. 성경은 이러한 사귐을 위해 하나님이 허락하신 은혜입니다. 위대한 믿음의 선진들은 하나님의 말씀을 통해서 그분을 깨닫고, 경험하고, 삶으로 드러냈습니다. 그래서 말씀을 읽고, 묵상하고, 기도하는 것은 하나님을 향한 사랑과 경건의 방식에서 가장 중요한 위치를 차지합니다.

성경 묵상은 하나님을 추구하는 제 경건의 방식이기도 합니다. 저는 말씀을 가까이 하고, 그것에 젖어 들며, 때로는 그 속으로 들어가 하나님의 이야기(HIStory)에 제 삶을 엮어 가면서 새로워지는 중입니다. 십오 년 가까이 집필하고 있는 큐티 원고, 여전히 지속되고 있는 수많은 믿음의 사람들과 함께 하는 묵상 모임, 그리고 살아 역사하시는 하나님을 기억하는 방식으로서의 묵상 글쓰기. 이 모든 과정을 통해서 말씀으로 임재하시는 하나님을 경험하고 있습니다.

이 책에 실린 글들은 말씀 묵상의 과정, 즉 로고스 씨와의 사귐을 통해 잉태된 것들입니다. 동화가 아닌 현실의 사랑 안에서 로고스 씨와의 깊어져 가는 관계들 중 일부를 뽑아서 독자들과 나누기 위해 재구성한 것입니다. 말씀을 통해 하나님 안에서 자라가는 모습(성화), 삶의 구체적인 현실에 임재하시는 하나님 경험(일상), 관계와 공동체 안에서 주어지는 하나님의 부르심과 변화에로의 초청(공동체), 그리고 누군가를 위해 살아가도록 소명으로 이끄시는 하나님의 인도하심(선교와 사역)이라는 네 가지 주제로 구분해서 글을 엮었습니다.

이 책이 사막과 같은 세상에서 그분을 향해 믿음으로 터울거리며 달려가는 지체들에게 한 모금의 오아시스나 손바닥만 한 그늘을 제공해 주길 소망해 봅니다. 저에게 다가오셔서 훈계하시고, 위로하시고, 격려하시며, 인도해 주셨던 로고스 씨가 여러 지체들에게도 공히 역사해 주시길 소망해 봅니다.

마지막으로 낯선 자의 글을 읽고 기꺼이 편집과 출판을 해 주신 세움북스 출판사 강인구 대표님께 감사를 드립니다. 또한 늘 말씀에서 만난 하나님을 함께 나누며 값진 교제를 주고받는 사랑하는 남편 주종훈과 최고의 선물인 하영이와 하진이에게 감사하고, 기쁨을 함께 나누고 싶습니다.

2016년 주현절을 보내며
Soli Deo Gloria
이상예

차례
contents

2 / 솔로몬의 잔소리

3 / 제이슨네 사람들

4 / 고독한 양치기 디도

1
유다의 힐링 캠프

01
솔로몬 행각
거닐기

#1

유대인들은 가슴에 돌을 품고 다녔다(요 8:59). 기회가 오면 예수
님을 응징하기 위해서였다. 그들에게 예수님은 천한 나사렛 출신
의 하룻강아지일 뿐이었다. 그런 그가 스스로를 감히 하나님의 아
들이자 아브라함보다 큰 자라고 했으니, 돌에 맞아 죽어 마땅했
다. 그러나 기회는 그리 고분고분하지 않았다. 그러다가 시간이
수전절에 정박했다. 기회가 서서히 닻을 내리기 시작한 것은 그때
였다.

수전절은 시리아(수리아)의 안티오쿠스 에피파네스에 의해 예루
살렘 성전이 이방신에게 제사 지내는 곳으로 더러워졌을 때, 이를
보다 못한 유다 마카베오가 일으킨 봉기로, 성전을 되찾아 정결케
했던 것을 기념하는 절기였다. 수전절에 젖어들 때마다 유대인들
은 넘치는 민족적 자존심과 자부심을 한껏 고양시키며 주먹을 불
끈 쥐었다. 수많은 주먹들이 성전의 솔로몬 행각으로 몰려들었다.
마침 예수께서는 그곳을 거닐고 계셨다. 가위를 만난 주먹은 주먹
질 같은 질문을 날렸다.

"언제까지 우리 마음을 의혹하게 하려 하나이까 그리스도이면 밝히
말씀하소서"(요 10:24).

지시적이고 객관적인 언어에 유창한 그들은 예수께 "Yes or No"
로 간단명료하게 대답해 주길 요구했다. 그러나 그분의 대답은 거
절이었다.

"내가 너희에게 말하였으되 믿지 아니하는도다 내가 내 아버지의 이름으로 행하는 일들이 나를 증거하는 것이거늘 너희가 내 양이 아니므로 믿지 아니하는도다"(요 10:25-26).

예수님의 말씀을 나름대로 각색해 본다면 다음과 같을 것이다. "내가 그리스도인지 아닌지를 'Yes or No'로 대답하라고? 미안하지만 그럴 수 없다. 왜냐하면 나는 그리스도이기도 하고 아니기도 하기 때문이다. 내가 아무리 말하고 기적을 보여줘 봤자, 나는 나를 믿지 않는 너희의 그리스도가 절대로 될 수 없다. 그러나 나를 믿는 내 양들에게 나는 그리스도다!"

객관적으로 명백한 그리스도는 없다. 다만, 믿음으로 관계할 때 비로소 알게 되는 그리스도가 있을 뿐이다. 그리스도는 과학적, 지시적인 언어로 포획할 수 있는 대상이 아니라, 관계적인 언어로 만날 수 있는 인격이시기 때문이다. 그리고 바로 그런 이유 때문에 예수께서는 위험한 솔로몬 행각을 거니시길 마다하지 않으셨던 것이다.

예수님은 유대인들이 품속에 숨긴 돌들의 정체를 아셨다. 그것은 가인의 것이었다. 가인은 미움에 사로잡혀 자기 형제 아벨을 돌로 쳐서 죽였다. 아벨의 피는 하나님께 가인을 고발했고, 가인은 정죄를 당한 채, 자기가 쌓은 성에 갇히고 말았다. 가인의 영에 사로잡힌 유대인들은 자기의 형제이기도한 예수님을 돌로 쳐서 죽이려고 혈안이 되었다. 이런 사실에도 불구하고 예수께서는 솔로몬 행각을 거니셨다. 죽음의 표적이 되는 것을 불사하셨던 것이다. 그분이 그리 하신 이유는 말씀에서 찾을 수 있다.

"또 이 우리에 들지 아니한 다른 양들이 내게 있어 내가 인도하여야 할 터이니 그들도 내 음성을 듣고 한 무리가 되어 한 목자에게 있으리라 내가 내 목숨을 버리는 것은 그것을 내가 다시 얻기 위함이니 이로 말미암아 아버지께서 나를 사랑하시느니라"(요 10:16-17).

예수님은 절기 때마다 꾸역꾸역 성전으로 올라가셔서 자기를 미워하는 유대인들과 교제하셨다. 본인보다 양을 더 사랑하셨기 때문이다. 그들 중에 혹시라도 있을지 모르는 자기 양을 찾아 우리 안으로 인도하고 싶으셨던 것이다. 그래서 번번이 상처 받고, 거절당하고, 위협을 받아도 꾸준히 그들과 관계를 맺으려고 하셨던 것이다!

로고스 씨와 연애하기

#2

그때 나는 그녀의 거절을 대수롭지 않게 여겼다.
'무시'라는 퍽 편리한 심리기제 때문이었다.
그런데 사실 그것은 대수로운 것이었다.
덕분에 거절감이라는 상처가 생겼던 것이다.
결과적으로 나는 아픈 곳에 자주 손을 대면서
신경을 쓰느라 누군가를 돌볼 마음의 여력을 상실해 갔다.

그분이 솔로몬 행각을 거닐고 계셨을 때,
나는 잠자코 뒤를 따랐다.
뒤에 남기시는 발자국마다 양에 대한 사랑이 묻어 있었다.
한 줌 싸늘한 바람이 불어왔다.
사랑하다가 받은 상처, 곧 거절감이 욱신거렸다.
바람 끝에서 그분이 손을 내미셨다.
손목에 맺힌 성흔(聖痕)이 눈에 들어왔다.
"열매는 꽃의 약속을 능가한다"는 말레르브의 시구가 떠올랐다.

그분이 내 손을 살며시 잡았다.
따뜻했다.
다시 한차례 바람이 불어왔다.
그 바람은 한동안 상처를 핥은 후에 지나갔다.
진물이 꾸덕꾸덕 마르기 시작했다.

02
아이
사무엘

#1

"아이가 어리더라"(삼상 1:24).

어미 한나의 치마폭 뒤에 숨은 아이 사무엘의 눈에 몸집이 비대한 노인이 들어왔다. 그는 마을의 여느 할아버지들과는 사뭇 다르게 보였다. 노인과 눈이 마주치자 아이는 덜컥 겁을 집어먹었다. 치마 속으로 꽁꽁 숨기 위해 아이는 필사적이었다. 어미는 결연한 태도로 노인에게 말했다.

"이 아이를 위하여 내가 기도하였더니 내가 구하여 기도한 바를 여호
와께서 내게 허락하신지라 그러므로 나도 그를 여호와께 드리되 그의
평생을 여호와께 드리나이다"(삼상 1:27-28).

말을 마친 어미는 치마 속에서 아이를 꺼내어 제사장 엘리 앞에 세웠다. 집에서부터 함께 온 수소들이 갑자기 음매, 음매 구슬프게 울기 시작했다. 제물로 바쳐질 제 운명을 이제야 안 듯싶었다. 갑자기 아이의 눈에도 눈물이 맺히기 시작했다.

#2

나를 낳아 젖을 먹여 키운 어미 한나는 교회였다. 간절한 기다림 끝에 나를 낳은 어미는 젖을 먹여 부족함 없이 나를 키워냈다. 이 윽고 더 이상 젖이 필요 없게 되자, 어미는 기다렸다는 듯이 나를 실로, 곧 케냐로 데리고 갔다. 그녀는 그곳에 나를 떼어 놓고는 제 가 살던 곳으로 무정히 가버렸다.

"엘가나는 라마의 자기 집으로 돌아가고 그 아이는 제사장 엘리 앞에 서 여호와를 섬기니라"(삼상 2:11).

젖을 떼었다고는 하지만, 아이 사무엘도 나도 아직은 어리다. 어미를 그리워하며 훌쩍이는 건 지극히 당연한 일이다. 아이 사무엘이 또 운다. 새들이 제 이름을 부르며 우는 것처럼 아이 사무엘이 엄마를 부르며 운다.

아이가 놀라지 않도록 조심하면서 내가 다가간다. 들썩이는 어린 어깨를 살며시 토닥이다가 결국 아이를 품에 안는다. 흐느끼는 아이의 등을 쓸어내리자 내 볼에도 강이 흐른다.

"괜찮아질 거야. 시간이 흐르면 너는 기어이 자랄 테니까."

시간은 눈물처럼 흘렀고, 아이 사무엘은 기어이 자라났다. 그는 더 이상 엄마를 부르며 울지 않았다. 대신에 이스라엘을 위해 하나님을 부르며 울었다.

"아이 사무엘은 여호와 앞에서 자라니라"(삼상 2:21).

"아이 사무엘이 점점 자라매 여호와와 사람들에게 은총을 더욱 받더라"(삼상 2:26).

"사무엘이 자라매 여호와께서 그와 함께 계셔서 그의 말이 하나도 땅에 떨어지지 않게 하시니"(삼상 3:19).

#3

"그의 어머니가 매년 드리는 제사를 드리러 그의 남편과 함께 올라갈 때마다 작은 겉옷을 지어다가 그에게 주었더니"(삼상 2:19).

어미의 사랑이 작은 겉옷을 통해 내게 주어지고 있다. 작은 겉옷을 받아 그것을 입을 때마다 나는 어미의 변함없는 사랑을 느낀다. 그러나 나는 알고 있다. 주께서 나를 실로에 바친 어미에게 다른 형제와 자매들을 선물로 주실 것임을. 그러면 비록 어미의 사랑은 변함없을지라도 관심은 뜨문뜨문하게 될 것임을.

"여호와께서 한나를 돌보시사 그로 하여금 임신하여 세 아들과 두 딸을 낳게 하셨고"(삼상 2:21).

성큼 자란 사무엘이 어미에게 많은 자녀를 허락하신 여호와께 감사한다. 그리고 그는 분연히 일어나 자기 길을 간다. 이스라엘을 위해 여호와께서 지으신 작은 겉옷을 배달하기 위하여, 그는 선지자의 길을 성실히 걸어간다.

03

하박국
성장기

☆ ☆ ☆

유다의 선지자, 하박국

하박국에게 콩깍지가 씌웠다!
그의 눈엔 온통 유다뿐이다.
그런데 그를 사로잡은 유다는 지저분하다.
죄악 때문이다.
하박국이 몸살을 한다.
사랑하는 유다가 다시 정결해지길 열망한다.
그래서 그는 여호와께 외친다.

"어찌하여 내게 죄악을 보게 하시며 패역을 눈으로 보게 하시나이까?
 겁탈과 강포가 내 앞에 있고 변론과 분쟁이 일어났나이다!"(합 1:3)

오랜 기다림 끝에 마침내 여호와께서 응답하신다.
갈대아 사람, 즉 바벨론을 일으켜 유다를
짓밟아 버리겠다고 말씀하신다.

"보라 내가 사납고 성급한 백성 곧 땅이 넓은 곳으로 다니며
 자기의 소유가 아닌 거처들을 점령하는 갈대아 사람을 일으켰나니…
 왕들을 멸시하며 방백을 조소하며 모든 견고한 성들을 비웃고
 흉벽을 쌓아 그것을 점령할 것이라"(합 1:6, 10).

하박국이 깜짝 놀란다.
그가 원한 것은 유다의 쇄신이지
유다의 멸망이 아니기 때문이다.
그는 자기 신학에 근거하여 하나님께 항변한다.

"주께서는 눈이 정결하시므로 악을 차마 보지 못하시며
패역을 차마 보지 못하시거늘
어찌하여 거짓된 자들을 방관하시며
악인이 자기보다 의로운 사람을 삼키는데도
잠잠하시나이까?"(합 1:13)

#2

죄악의 프랙털*

"나의 질문에 대하여 어떻게 대답하실는지 보리라"(합 2:1).

하박국은 '여호와는 유다를 위한 하나님'이시라는 자기 신학에 자신만만하다. 그래서 그는 여호와께서는 결국 '유다 멸망 프로젝트'를 철회하실 거라는 기대감에 부풀어 있다. 그런데 여호와께서는 난데없이 '바벨론 멸망 프로젝트'에 대해서만 장황하게 말씀하신다.

'헐~! 대체 무슨 말씀을 하시는 건지!'

어이가 없다. "이의 있습니다!"를 외치며 여호와의 말씀을 끊고 싶었으나 하박국은 잠자코 듣기로 한다.

---

* Fractal, 일부 작은 조각이 전체와 비슷한 기하학적 형태.

"자기 집을 위하여 부당한 이익을 취하는 자에게 화 있을 진저…피로 성읍을 건설하며 불의로 성을 건축하는 자에게 화 있을 진저…이웃에게 술을 마시게 하되 자기의 분노를 더하여 그에게 취하게 하고 그 하체를 드러내려 하는 자에게 화 있을 진저"(합 2:9, 12, 15).

하박국의 눈이 번쩍 열린다. 바벨론의 죄악이 어디서 많이 본 듯하다. 그렇다! 무고한 나라를 짓밟는 바벨론의 죄악은 가난한 백성을 짓밟는 유다의 죄악과 정확하게 닮아 있다. 갑자기 하박국의 시선이 하늘 높이 치솟는다. 하늘에서 내려다보니 유다뿐만 아니라 팔레스타인(블레셋) 전역이 훤히 보인다.

'프랙털이다! 변방의 작은 나라인 유다의 죄악이 팔레스타인 전체를 장악한 바벨론의 죄악과 똑같은 모양을 하고 있는 것이다. 여호와께서 바벨론으로 유다의 죄악을 짓밟으신다. 똑같이 페르시아(바사)로 바벨론의 죄악을 짓밟으신다.'

하박국이 아득해진다. 한참 동안 아래를 내려다보던 그의 눈이 하늘들의 하늘을 향한다. 역사의 주관자이신 여호와의 숨결이 느껴지자 말문이 막힌다. 어디 한 번 대답해 보시라던 의기양양함은 사라지고 쥐구멍에라도 숨고 싶은 마음으로 하박국은 자기 삶의 자리로 내려온다. 그리고 그는 노래한다.

하나님의 선지자, 하박국

"내가 들었으므로 내 창자가 흔들렸고 그 목소리로 말미암아 내 입술이 떨렸도다 무리가 우리를 치러 올라오는 환난날을 내가 기다리므로 썩이는 것이 내 뼈에 들어왔으며 내 몸은 내 처소에서 떨리는도다 비록 무화과나무가 무성하지 못하며 포도나무에 열매가 없으며 감람나무에 소출이 없으며 밭에 먹을 것이 없으며 우리에 양이 없으며 외양간에 소가 없을 지라도 나는 여호와로 말미암아 즐거워하며 나의 구원의 하나님으로 말미암아 기뻐하리로다 주 여호와는 나의 힘이시라 나의 발을 사슴과 같게 하사 나를 나의 높은 곳으로 다니게 하시리로다"(합 3:16-19).

하박국은 두렵고 떨림으로 기다리고 있다. 바벨론이 유다에 쳐들어올 날을, 자신이 바벨론의 칼에 쓰러질 날을, 그리고 유다가 바벨론에게 짓밟혀 황폐해질 날을 기다린다. 멸망을 코앞에 두고도 그는 두려움에 압도당하지 않는다. 오히려 의연하게, 심지어 기쁘게 멸망을 기다리고 있다. 구원의 하나님을 믿기 때문이다. 콩깍지가 벗겨졌다! 신학이 바뀌었다.

여호와는 유다를 위한 하나님이 아니시다. 오히려 유다가 여호와를 위한 나라일 뿐이다. 이제 하박국이 원하는 것은 유다의 영원한 부흥이 아니다. 그는 여호와의 뜻이 이루어지고, 여호와의 구원이 이루어지길 열망한다.

하박국은 이제 더 이상 유다의 선지자가 아니라 하나님의 선지자다. 하나님과 친밀히 관계함으로써(의기양양하게 항변할 수 있을 정도로!) 그는 유다의 선지자에서 하나님의 선지자로 변신하게 되었던 것이다!

"사랑하시는 주여! 하박국에게 베푸셨던 은총을 내려 주옵소서! 당신과의 친밀한 교제를 통해 그 누구도 아닌 오직 당신의 사람이 되게 하옵소서!"

04

아들의
한 마음

#1

무정한 날들이었다. 산천초목이 마르고 닳도록 비 한 방울 내리지 않았다. 건기 중에 살아남으려는 나무들의 노력은 필사적이었다. 자고 일어나면 수많은 잎들이 정리해고를 당했고, 가지들마저 무참히 꺾여 버려졌다. 버티는 것 외에 딱히 할 수 있는 것이 없었기에 그들은 제 몸의 수분 한 방울까지 아꼈다. 기어이 빗방울 전주곡을 듣고야 말았던 것은 그 후로도 한참 뒤의 일이었다.

끈질겼던 건기 또한 지나가지 않을 도리는 없었다. 많이 늦은 감은 있었지만, 그래도 우기는 돌아왔고, 초목들은 크게 한숨을 돌렸다. 반면에 나는 빨래 말려 입기가 여간 불편한 것이 아니다. 비와 빨래의 습기를 동시에 말려내기에 대기의 여력이 퍽 부족했다.

눅눅한 빨래를 입다가 기어코 탈이 났다. 허락도 없이 감기가 발을 들여놓았던 것이다. 가벼운 열뿐이었기에 처음에는 대수롭지 않게 여겼다. 그러나 녀석의 잔류 기간은 길어져만 갔고, 덕분에 타이레놀을 귀고리처럼 달고 살게 되었다. 지난해에도 325개나 들어 있는 타이레놀 한 통을 다 먹었는데, 올해도 그렇게 되는 것은 아닌지 걱정이 됐다.

#2

"너희는 다 빛의 아들이요 낮의 아들이라 우리가 밤이나 어둠에 속하지 아니하나니 그러므로 우리는 다른 이들과 같이 자지 말고 오직 깨어 정신을 차릴지라 자는 자들은 밤에 자고 취하는 자들은 밤에 취하되 우리는 낮에 속하였으니 정신을 차리고 믿음과 사랑의 호심경을 붙이고 구원의 소망의 투구를 쓰자"(살전 5:5-8).

어둠과 밤의 아들들은 항상 취해 있으니 잠자기 마련이다. 반면, 빛과 낮의 아들들은 깨어서 정신을 차린다. 그들이 서 있는 곳은 전쟁 한복판. 죽지 않으려면 정신을 바짝 차려야 한다. 한시라도 경계를 늦추면 적들의 공격으로 전멸을 당할지도 모른다. 그래서 그들은 믿음과 사랑의 호심경을 붙이고 구원의 소망의 투구를 쓰고 잠에서 깨려 애를 쓴다.

햇빛이 풍부한 낮에 만물은 제 모습을 밝히 드러낸다. 낮의 아들은 그것을 주의 깊게 보고, 분별하고, 판단한다. 잠시 스쳐 지나가는 바람 한 점도 그냥 보내지 않는다. 어디로부터 와서 어디로 가는지, 세기와 습도는 어떤지를 예민하게 읽어 낸다. 또한 상대방의 말과 표정과 태도를 쉽게 넘기지 않는다. 낮의 아들은 진리의 조명 아래서 참과 거짓을 분별하고, 상대가 원하는 것이 아닌 필요로 하는 것이 무엇인지를 주인께 묻고 분별하려 애를 쓴다.

물론, 주인은 나를 낮의 아들로 부르셨다. 그러나 나는 황혼과 새벽의 아들일 뿐이다. 개와 늑대의 시간. 저만치서 달려오고 있는 것이 개인지 늑대인지 분명히 분간할 수 없는 어둑한 시간에 나는 서 있다. 덕분에 몸에 남겨진 것은 영광이 아니라 수치의 상처다. 넋을 놓고 있다가 늑대에게 당한 어리석은 자의 상처는 늘 고통스럽다.

낮의 아들이 되지 못함은 두 마음 때문이다. 빛을 받아들이고 싶은 마음과 그것을 거부하고 싶은 마음으로 나는 개와 늑대의 시간에 서 있다. 하나님과의 친밀한 연합을 원하면서도 동시에 그것으로부터 달아나고 싶은 것이다. 자는 것도 깨어 있는 것도 아닌 혼미한 상태에 있는 나는 아버지를 제대로 볼 수 없는 탕자(蕩子)일 뿐이다.

"마음이 청결한 자는 복이 있나니 그들이 하나님을 볼 것임이요"(마 5:8).

아버지를 볼 수 있는 낮의 아들은 마음이 청결한 자다. 한 마음 곧 하나님과의 친밀한 연합을 열렬히 갈망하는 자다. 그러므로 나는 선택해야 한다. 어떻게든 깨어나기로, 정신을 차리기로, 그래서 그분의 아들이 되기로 결단을 해야 하는 것이다.

#3
민감하게 대처하지 못해 감기로 몸이 고생이다. 아들 하진 군의 손에는 그 옛날의 풍토병 증세인 수포가 하나둘 맺히기 시작했다. 딸 하영 양의 점묘화는 놀랄 만큼 멋지고, 비주얼 아트(visual art)에 대한 그녀의 열정은 가실 줄을 모른다. 그동안은 그것을 귓등으로만 들었었는데, 그녀의 열망은 진짜였던 것이다. 별로 관심도 없는 사람들과 한 자리에 있는 것이 불편하지 않을 만큼 마음이 굳어져 있다. 졸려서 눈만 비비고 있는 것이다. 그러나 정신을 차리고 빛 아래서 분명히 봐야 한다. 아버지에 대한 한 마음을 가지고 어떻게든 깨기 위해 애를 써야만 한다.

05

분노의
여호와

#1

불청객의 방문은 늘 언짢은 법이다.

에스겔서를 맞이하려 문을 열었을 때,

난데없이 그 놈이 불쑥 쳐들어왔다.

적당한 곳에 자리를 잡은 불청객은 볼썽사납게 벌러덩 누웠다.

처음에는 얌전히 구는 듯했지만,

본색을 오래 감추지는 못했다.

작은 장작 하나에도 불같이 일어나서는 맹렬한 기세로

마음의 멱살을 움켜잡았던 것이다.

드잡이를 멈추게 하는 데 상당한 시간과 에너지가 낭비되자

놈을 한 시라도 빨리 내보내고 싶었다.

그러나 놈은 만만한 치가 아니었다.

그러다가 내보내기 힘들다면,

놈의 고약한 성질머리를 선한 방향으로 비틀어 사용하자는

묘안이 성원을 얻었다.

쓸고, 닦고, 빨고, 빵 굽고, 요리하고, 책 읽고,

미친 듯이 걸으면서 놈을 길들이려는 계획이 진행되었다.

그러나 놈을 종처럼 부리려는 목표는 결국 실패했다.

놈이 아니라 몸이 먼저 녹초가 되었던 것이다.

이런 망할 놈의 분노!

#2

"주 여호와께서 이같이 말씀하셨느니라
나는 네가 미워하는 자와 네 마음에 싫어하는 자의 손에
너를 붙이리니 그들이 미워하는 마음으로 네게 행하여
네 모든 수고한 것을 빼앗고 너를 벌거벗은 몸으로 두어서
네 음행의 벗은 몸 곧 네 음란하며 행음하던 것을 드러낼 것이라
네가 이같이 당할 것은 네가 음란하게 이방을 따르고
그 우상들로 더럽혔기 때문이로다"(겔 23:28–30).

에스겔은 분노의 여호와를 계시한다.
그의 책 전체는 여호와의 맹렬한 분노로 이글이글 타오른다.
분노는 흔히 욕구나 목표가 좌절되었을 때 일어난다.
즉 자기가 원하는 대로 일이 되지 않아 실패했을 때,
나아가 실패를 받아들일 수 없을 때 화를 내는 것이다.
여호와께서 분노하신다.
사납게 화를 내신다.
맹렬한 저주의 말씀을 퍼부으신다.
실패하셨기 때문이다.

여호와의 욕구이자 목표는 이스라엘과의 연합이었다.
그래서 율법을 통한 언약으로
그분은 이스라엘의 하나님이 되셨고,
이스라엘은 그분의 백성이 되었다.

이제 남은 것은 서로가 율법을 충실히 지키면서
관계를 아름답게 키워가는 것뿐이었다.

여호와는 자기 이름을 건 율법을 시종일관 애틋하면서도
신실하게 지키셨다.
그러나 이스라엘은 달랐다.
그들은 여호와를 버리고 이방의 우상들과 바람을 폈다.
율법 따위는 쓰레기처럼 버리고,
눈으로 보기에 근사한 수입 신(神)인
바알과 아세라와 몰렉과 담무스 등을 음란하게 섬겼다.
상심한 여호와는 비탄에 잠기면서도
이스라엘에게 셀 수 없이 많은 기회를 주셨다.
자존심 따위는 버리고,
다시 돌아오기만 한다면 지금까지의 죄를 묻지 않고
다시 그들의 하나님이 되시겠다고 거듭 약속하셨다.
그러나 이스라엘은 끝내 그분을 거절했다.

자신의 욕구와 목표가 실패하자,
화내기를 더디 하기로 유명하신 분이
결국 화를 내기로 결정하셨다.
유명세를 뒤엎고 내시는 분노이기에
그것은 역사상 그 어떤 화보다 맹렬하고 사납고 드셌다.
이스라엘과 남유다의 멸망은 당연했다.

분노의 여호와를 뵈오니 마음이 시큰해진다.
천지를 지으신 창조주께서 고작 이스라엘 마음 하나
어찌지 못하셔서 펄펄 뛰는 모습이 눈물겹다.
선택받지 못하고,
번번이 거절당해서 아파하는 모양이 안쓰럽다.
그럼에도 불구하고 자신이 만드신 사랑의 철칙,
곧 사랑은 자유의지로 상대를 사랑하기로 선택해야
성사될 수 있다는 것을 몸소 지키시는
그분의 고집과 분노는 「무지의 구름」의 저자가 언급한
일곱 가지 치명적인 죄들 중 첫 번째 것이다.

물론, 여호와의 거룩한 분노는 결코 죄가 될 수 없다.
반면, 인간의 분노는 죄일 가능성이 농후하다.
(인간의 분노가 모두 죄라는 말은 아니다!)
그것은 신이 아닌 인간이 스스로 신이 되려고 하다가
실패했을 때 내는 화이기 때문이다.
에스겔서와 함께 들어온 불청객인 분노는 분명 죄다.
아니 그것은 이미 내 안에 있었던 것으로
에스겔서를 통해 적발된 것일지도 모른다.

신이 되려는 욕망이 키워 낸 분노 앞에서
모든 노력이 속수무책일 수밖에 없는 것은 당연하다.
그것은 스스로 해결할 수 있는 것이 아니다.

다른 수는 없다.
그것을 제물 삼아 그분의 제단 앞에 나아가
속죄제로 드리는 것 외에는.
그래서 나는 그것을 가지고 여호와께 나아간다.
분노의 여호와께서 나의 분노를
깨끗하게 태워 주시길 간절히 소원하면서
그분께 나아간다.

나의 왕이신 여호와여!
저의 분노를 다스려 주옵소서.
모든 것을 통제하고 싶어 하는
제 안의 사특한 역심을 진압하시어
제 영혼에 참 자유와 참 평강을 허락하여 주옵소서.

06

Repent and Live!

#1

초등학생 시절, 교실 맨 뒷줄은 언제나 그녀의 차지였다. 큰 키를 차치하더라도 말과 행동이 또래들과는 달리 성숙했기에 그녀는 내게 큰언니 같았다.

한 번은 그녀를 따라 고등학교 앞에 있는 분식점에 간 일이 있었다. 크로켓과 떡볶이를 잔뜩 시킨 그녀는 고등학생 언니 오빠들 틈에서도 절대로 주눅이 드는 법이 없었다. 게다가 적잖은 분식 값을 아무렇지도 않게 지불했을 때는 어른처럼 보이기까지 했다. 그러나 오래지 않아 그녀의 용 머리는 뱀 꼬리로 퇴화되고 말았다.

중학교에 입학하면서부터 그녀는 밀물을 타고 계속 앞자리로 떠밀려 갔다. 그녀에 대한 내 기억은 중학교 졸업식에서 끝이 난다. 나는 멀찍이서 그녀의 뒤통수를 보면서 졸업식에 참석했다.

해마다 한두 줄씩 앞으로 옮겨갈 때마다 그녀는 무엇을 느꼈을까? 상실감? 자괴감? 어쨌든 그녀는 새옹지마(塞翁之馬)를 일찍부터 깨달았을 것이다. 그리고 지속적으로 자기성찰과 반성을 했다면, 인생에서 영원한 영화나 특권은 없다는 것을 비교적 이른 나이에 깨우쳤을지도 모른다.

#2

"그런데 너희는 이르기를 주의 길이 공평하지 아니하다 하는도다 이
스라엘 족속아 들을지어다 내 길이 어찌 공평하지 아니하냐 너희 길
이 공평하지 아니한 것이 아니냐"(겔 18:25).

이스라엘이 볼멘소리를 내질렀다. 각자 행한 대로 심판하시겠다는 여호와의 방식이 공평하지 않다는 이유였다. 그들의 공평은 평등이 아니었다. 오히려 특혜와 특권이었다. 이스라엘이라는 이유만으로 무조건적인 구원을 받는 것이 그들이 요구하는 공평이었다. 그러므로 이스라엘이나 이방인이나 공히 행한 대로 심판하시겠다는 말씀이 마뜩할 리 없었고, 여호와를 저격하는 볼멘소리가 알레그로 비바체로 쏟아졌던 것이다. 그러나 여호와께서 물러나실 리는 없었다.

"만일 의인이 그 공의를 떠나 죄악을 행하고 그로 말미암아 죽으면 그 행한 죄악으로 말미암아 죽는 것이요 만일 악인이 그 행한 악을 떠나 정의와 공의를 행하면 그 영혼을 보전하리라 그가 스스로 헤아리고 (consider) 그 행한 모든 죄악에서 돌이켜 떠났으니 반드시 살고 죽지 아니하리라"(겔 18:26-28).

의인은 옳은 일을 하는 사람이 아니다. 옳은 일을 하는 것이 습관인 사람이 의인이다. 동일하게 악인은 악한 일을 하는 사람이 아니다. 악한 일을 습관적으로 하는 사람이 악인이다.

습관이란 오랫동안 자꾸 반복하여 몸에 익어버린 행동을 말한다. 한 번 몸에 밴 습관은 고치기가 쉽지 않다. 의식이 선수를 치는 몸을 따라잡기 힘들뿐더러, 버릇이 주는 편안함을 거스르는 것도 어렵기 때문이다. 그러나 수정하고자 하는 의도적이고 의식적인 노력을 습관으로(!) 할 때, 못 고칠 버릇이 별로 많지 않은 것도 사실이다.

고치고자 하는 의식적 노력은 'consider'에서 출발한다. 끊임없이 자신을 성찰하고 반성하면서 의식적이고도 의도적으로 노력을 할 때, 악인도 습관적으로 행해 왔던 악에서 떠날 수 있다. 나아가 옳은 일에 버릇도 들일 수 있다. 반면, 자기성찰과 반성을 게을리하는 의인은 쉬이 악한 일에 손을 댈 수밖에 없다. 세상은 선보다 악을 선택하기 쉬운 구조로 발전되어 왔기 때문이다.

"For I take no pleasure in the death of anyone, declares the Sovereign Lord. Repent and live!"(겔 18:32, NIV).

새벽녘, 여호와께서 외치셨다. "철저한 자기성찰과 혹독한 자기반성을 통해 회개하라. 그러면 비로소 살게 될 것이다!" 말씀을 클릭하자 의식의 윈도우에 팝업 하나가 떴다. 수도 없이 성찰하고, 반성하고, 회개했던 그때의 일이었다. 다양한 계산을 통해 이미 마무리 단계에 들어섰다고 여긴 일이었다. 옳고 그름을 기준으로 나의 그름은 이미 수차례 값을 지불했던 터였다. 물론, 옳음에 대한 합당한 잔돈이 없어 보여 가끔 볼멘소리를 했던 것도 사실이었다. 다시 영수증을 꼼꼼히 들여다보았다. 더 헤아려 볼 것이 있는 건가?

한쪽 구석에 지금까지 보지 못했던 두 개의 가격이 찍혀 있었다. 지나친 자기 확신, 그리고 옳고 그름의 문제에 빠져 사랑하지 못함. 놀람과 당황이 조심성을 잃은 손가락을 그었다. 영수증에 베인 손가락에 피가 살짝 비쳤다. 꼭 눌러 지혈하던 티슈에 빨간 도장이 찍혔다. **Repent and live!** 손가락을 꼭 쥐자, 얼굴에 웃음기가 지워졌다. 지우개 가루 같은 눈물이 떨어졌다. 키리에 엘레이손(주여, 긍휼히 여기소서)!

07

아리랑 아사 왕

#1

드디어 마음에 드는 임이 나타났다. 아비얌의 아들 아사. 그의 이름은 아사였다. 오랜 기다림 끝에 만난 아사는 꿈에도 잊어 본 적이 없는 다윗을 닮았다.

"아사가 그의 조상 다윗같이 여호와 보시기에 정직하게 행하여"(왕상 15:11).

우상들은 환상으로 유혹했고, 거짓말로 겁박했다. 우상숭배의 유무가 유다의 안녕과 패망을 결정한다고 했다. 그러나 아사 왕은 그들의 거짓 환상을 깨뜨렸다. 선왕들이 만든 우상들을 없앴다. 아세라 상을 불태웠고, 아세라 신전에서 섬기던 남자 창기들을 밖으로 내쫓았으며, 그들의 뒷배였던 할머니를 태후의 자리에서 폐위시켰다.

"다만 산당은 없애지 아니하니라 그러나 아사의 마음이 일평생 여호와 앞에 온전하였으며 그가 그의 아버지가 성별한 것과 자기가 성별한 것을 여호와의 성전에 받들어 드렸으니 곧 은과 금과 그릇들이더라"(왕상 15:14-15).

아사 왕의 종교 개혁으로 유다가 정신을 차리자, 여호와께서 모처럼 위로를 받으셨다. 그러나 잠시뿐이었다. 왕의 변심은 신속했다.

"아사와 이스라엘의 왕 바아사 사이에 일생 동안 전쟁이 있으니라 이
스라엘의 왕 바아사가 유다를 치러 올라와서 라마를 건축하여 사람을
유다 왕 아사와 왕래하지 못하게 하려 한지라 아사가 여호와의 성전
곳간과 왕궁 곳간에 남은 은금을 모두 가져다가 그 신하의 손에 넘겨
다메섹에 거주하고 있는 아람의 왕 헤시온의 손자 다브림몬의 아들
벤하닷에게 보내며 이르되"(왕상 15:16-18).

　북이스라엘과의 잦은 전쟁 탓이었을까? 남유다 왕 아사가 다른
마음을 먹었다. 보이지 않는 하나님이 아니라 눈에 보이는 열강을
의지하기 시작했던 것이다. 그는 곳간을 털어 아람 왕 벤하닷에게
서 용병을 사 이스라엘을 쳤다.
　이런 배경에는 분명 다른 신학이 도사리고 있을 터였다. '하나
님은 성전에, 왕궁에는 임금이!' 물론, 아사 왕이 하나님을 완전
히 떠난 것은 아니었다. 다만 전심으로 따르지 않았을 뿐이다. 그
러나 전심으로 따르지 않으면 조금씩 멀어지는 게 신앙의 생리다.
시간이 흐르자 아사 왕은 그분을 떠나 십여 리나 왔다는 것을 깨
달았을 것이다.

　"그러나 그는 늘그막에 발에 병이 들었더라"(왕상 15:23).

#2

늙다리 병장들이

갓 부임한 신출내기 소위를 길들이려 하듯이,

케냐는 신참 선교사를 집요하게 괴롭힌다.

우상들의 거짓 환상을 깨부수고 겨우 도착한 케냐에서

신참 선교사는 편할 날이 없다.

문화 충격을 비롯한 정착의 문제는 말할 것도 없고,

열심히 뿌려도 자고 일어나면

흔적도 없이 사라지는 말씀의 씨앗도 낙심케 한다.

상한 마음 때문에 기쁨을 잃어 간다.

소망을 잃어 간다.

믿음이 희미해지면서 사랑도 공허해진다.

아사 왕처럼 되는 건 시간 문제다.

그분을 향한 전심이 나뉘면서

아리랑 고갯길을 넘어가다가 발병이 나게 될 판이다.

로고스 씨와 연애하기

#3

아사 왕에게 병문안을 가는 손에 장미 한 다발이 들려 있다.

장미 꽃잎 하나를 뜯으면서 나는 골똘해진다.

'발병이 난 그에게 무슨 말을 해야 할까?

발병도 은혜라고 한다면 성을 내겠지?

하지만 병 때문에 하나님과

더 멀어질 수 없게 된 것은 사실이잖아!

하지만 아픈 사람에게

그런 말을 하는 것은 퍽 실례일 거야.

그러니까 우선 꽃을 건네준 후에,

더 이상 멀어지지 말고,

나와 함께 그분과 가까워지기로 하자고 말해야지.

그런 다음 함께 노래라도 부르면서

한바탕 낄낄거리는 거지 뭐.'

　아리랑 아리랑 아라리요

　아리랑 고개를 넘어간다

　나를 버리고 가시는 임은

　십 리도 못 가서 발병난다.

08

심히
아리따운

#1

심히 아리따운 아비삭

언제까지나 청춘일 줄로만 알았던 다윗도 별수 없었다. 나이가
들자 늙어 버렸던 것이다.

> 이 (늙은) 몸은 우리에게 세계를 매개해 주던 바로 그게 더
> 는 아니다. 오히려 무거운 숨결, 아프기만 한 다리, 염증으
> 로 시달리는 관절로 세계와 공간을 우리에게 막아버리는 장
> 애물이다. 이렇게 해서 몸은 감옥이 된다. 그러나 이 감옥은
> 마지막 안식처다.
>
> – 장 아메리의 「늙어감에 대하여」(돌베개, 2014) 중에서

감옥이 된 다윗의 몸은 한기로 가득했다. 이불을 겹겹이 덮어도
몸속의 찬바람은 가실 줄을 몰랐다. 추위를 호소하는 왕 앞에서
시종들은 어쩔 줄을 몰랐다. 궁리를 거듭한 끝에 인간 난로를 들

이기로 했다. 피가 뜨거운 젊은 여자를 품으면 따뜻해질 것이라는 계산이었다.

그들은 사방을 뒤지기 시작했다. 그리고 마침내 예쁜 난로를 구했다. 수넴 여자 아비삭이었다. 그녀의 특징은 명료했다. "The woman was very beautiful"(왕상 1:4, NIV). 노인 다윗은 감옥 같은 자기 몸의 간수로 심히 아리따운 아비삭을 맞아들였다. 타고난 아름다움 때문에 그녀는 다윗의 마지막 안식처를 돌보게 되었던 것이다.

로고스 씨와 연애하기

2

심히 준수한 아도니야

다윗의 심중에는 이미 후계자가 있었다.
밧세바의 아들 솔로몬이었다.
그러나 늙은 왕은 제 몸에 갇혀 두문불출했고,
후계자를 지명하는 데 미적거렸다.
왕실에 강하고 급한 바람이 술렁거렸다.
바람은 왕실을 홍해처럼 두 쪽으로 쩍 갈라놓았다.
제왕의 재목으로 손색이 없는 왕자 아도니야 쪽과
늙은 왕의 심중에 있는 왕자 솔로몬 쪽으로 나뉘었던 것이다.

사실, 네 번째 왕자 아도니야는 왕위 계승 서열 일 순위였다.
형들이 차례로 세상을 등졌기 때문이었다.
게다가 여신들을 쥐락펴락했던 미소년 아도니스 못지않게
잘생긴 외모(very handsome)에 총명함까지
(아버지 다윗으로부터 꾸짖음을 한 번도 당한 적이 없을 정도로)
갖췄기에 그는 벌써부터 이스라엘의 대세남이 되었다.
대세를 따라 권세를 가진 자들이
아도니야 주변으로 모여들었다.
권세까지 보태지자 그는 심히 준수한 자신을 스스로 높였다.

"I will be king!"

3

타고난 아리따움

외모의 아름다움은 만들어질 수 있다고 떠드는 자들조차 인정하는 사실이 있다. 성형으로 완전히 환골탈태하는 일은 로또에 당첨되는 것만큼 어렵다는 것이다. 결국 타고난 밑천이 어느 정도는 있어야 아름다움을 좀 더 벌 수 있다는 얘기다. 그런 점에서 성형 없이도 심히 아리땁고 준수했던 아비삭과 아도니야는 얼마나 행운아들인가! 타고난 외모 덕분에 그들은 특혜를 누렸다. 아비삭은 왕의 첩이 되었고, 아도니야는 이스라엘의 대세남이 되었다. 그런데 특혜의 양상은 완전히 달랐다. 아비삭은 왕을 도왔던 반면, 아도니야는 스스로 왕이 되어 왕에게 반역했다.

심히 아리땁고 준수한

시답잖은 우스갯소리들 중 평준화 연령이라는 것이 있다. 40대는 지식의 평준화, 50대는 미모의 평준화, 60대는 성의 평준화, 70대는 재산의 평준화, 80대는 생사의 평준화가 이루어진다는 것이다. 피식 웃는 것도 잠시, 어느새 지식의 평준화 연령에 들어선 나는 마음이 서늘해지지 않을 수 없다.

타고난 것들은 나이가 들어갈수록 희미해진다. 늙어감 앞에서 지능, 미모, 성, 재산, 생명은 별게 아닌 게 된다. 시간을 따라 퇴색하다 못해 연기처럼 사라진 것들을 곰곰이 생각해 본다. '가만 있자, 내게 타고난 심히 아리땁고 준수한 것이 무엇이었더라?'

태어날 때로 기억의 주파수를 맞춰 본다. 마지막으로 태어났을 때, 그러니까 거듭났을 때로 거슬러 올라가 본다. 기억이 안착한 곳에 그림자가 길게 누워 있다. 그림자에 새겨진 글씨를 따라가 본다.

"주의 성령이 내게 임하셨으니 이는 가난한 자에게 복음을 전하게 하시려고 내게 기름을 부으시고 나를 보내사 포로된 자에게 자유를, 눈먼 자에게 다시 보게 함을 전파하며 눌린 자를 자유롭게 하고 주의 은혜의 해를 전파하게 하려 하심이라"(눅 4:18-19).

그림자 끝에 실체가 있다. 빛 없이 그림자를 만들고, 또한 스스로 빛나는 것이 있다. 성령이다. 내게 있는 타고난 것, 심히 아리따운 것, 나이가 들어도 사라지거나 퇴색하지 않을 심히 준수한 것, 그것은 성령이다!

#5
성령과 함께

내 안에 아도니야가 있다. 타고난 심히 준수한 성령께서 하신 일로 스스로를 높이려는 악함이 도사리고 있다. '내'가 깨달은 거야, '내'가 말한 거야, '내'가 만든 거야, '내'가 한 거야…. 성령으로부터 주어를 빼앗아 '내'가 가질 때마다 성령께서는 근심하신다. 자신의 영광을 강탈당해서가 아니라 그로 인해 내 영혼이 곤고해질 것을 염려하시는 것이다. 근심 중에도 성령은 심히 아리따운 아비삭이시다. 보잘 것 없이 늙어가는 나를 돌보신다. 그리고 장차 하나님 나라를 기업으로 받게 될 거라고 확증하신다.

날 때부터 선물로 주어진 타고난 아리따움과 준수함으로 나는 살아간다. 승천하신 후 보내 주신 성령의 돌보심과 보살핌으로 오늘을 살아낸다. 때로 그분을 근심케도 하지만, 그분의 힘을 의지하면서 왕이신 하나님의 이비삭이 되기로 결심한다.

염려
요리하기

#1

녀석의 몸에 흠집이 한 가득이다. 이집 저집 끌려다니는 통에 생긴 것이리라. 안쓰러운 마음으로 가스통을 토닥이며 밸브를 연다. 신음소리 같은 가스가 새어 나온다. 라이터 불을 켠다. 파란 불이 멍처럼 번진다.

젖은 쌀을 머금은 압력솥을 올린다. 밥 냄새가 온 집안에 스민다. 프라이팬을 올린다. 기름을 두르고, 물에 담가 놓았던 감자채를 올린다. 감자볶음이 살짝 윙크한다. 계란 푼 것을 붓는다. 결이 고운 계란말이가 야무지다. 튀김 팬에 기름을 넉넉히 채운다. 육중한 돼지고기를 넣는다. 돈까스 혹은 탕수육이 풍선처럼 가볍게 떠오른다. 임자 같은 소스를 만나자 바삭하면서도 촉촉해진다. 저쪽 솥에서 김이 새어 나온다. 간을 할 때가 되었다는 소식이다. 소금을 넣는다. 제 맛을 갖춘 맑은 무국의 어깨가 제법 당당하다. 단호박은 양파와 휘핑크림을 만나 노란빛 스프로 거듭난다. 새우는 크림소스와 화이트 와인과 함께 스파게티로 변신한다.

우리 집 중심엔 불이 있다. 부엌의 가스불은 하나님의 임재를 경험하게 하는 제단이다. 모든 재료들은 그 위에서 변신한다. 그분에게는 향기로운 제물이요, 우리에게는 생명을 주는 양식으로 거듭난다. 그래서 나는 부엌이 좋다. 제단의 불이 좋다.

#2

"아무것도 염려하지 말고 다만 모든 일에 기도와 간구로, 너희 구할
것을 감사함으로 하나님께 아뢰라 그리하면 모든 지각에 뛰어난 하나
님의 평강이 그리스도 예수 안에서 너희 마음과 생각을 지키시리라"
(빌 4:6-7).

  염려는 흔한 인생의 재료다. 일어나지도 않은 일에 대해서 여러
모로 마음을 써서 걱정하는 일은 케냐의 옥수수나 수쿠마(케일 종
류)처럼 예사롭다. 문제는 흔한 것일수록 진가를 인정받기가 쉽지
않다는 것이다. 하지만 사도 바울은 염려의 진가를 알고 있었다.
그것은 잘만 조리하면 생명의 양식이 될 수 있는 재료였다. 그는
여러 경험들을 통해 염려로 생명의 음식을 만드는 비법을 개발해
냈다. 비법이니만큼 처음에 그것은 비공개였다. 그러나 머지않아
전체 공개가 되고 말았다. 빌립보 교인들에게 살짝 공개했던 것이
화근(?)이었다. 비법은 빠르고도 오래도록 퍼져 나갔다. 그 결과
오늘날 내 손에까지 들어오게 되었다.

- **재료** : 모든 염려
- **소스** : 기도와 간구
- **도구** : 감사로 만든 솥, 제단의 불
- **만들기**

❶ 염려를 준비해 주세요. 큰 것부터 자잘한 것까지 염려가 생길 때마다 그것을 자신과 분리시켜 구체적인 자기만의 언어로 명료화시켜 주세요.

❷ 언어화시킨 염려의 어미(語尾)를 가위로 잘라 손질해 주세요.

❸ 감사로 만든 솥에 언어화시킨 염려를 넣고 소스(기도와 간구)를 넣고 버무려 주세요. 버무리는 방법은 가위로 잘라 손질한 염려의 어미에 '~하소서' 혹은 '~해 주소서'를 골고루 묻혀 주세요.

❹ 제단에 불을 피우고 센 불에서 한소끔 끓여 주신 뒤, 중불에서 재료가 푹 익을 때까지 고아 주세요. 재료가 다시 딱딱해지는 경우가 많기 때문에 계속해서 불을 지펴서 끓이기를 반복하세요.

❺ 재료가 형체를 알아볼 수 없을 때가 되면, 그것을 평강의 그릇에 담아내어 하나님과 이웃에게 서빙하면 완성입니다.

염려는 흔한 반면, 다루기가 쉽지 않다. 그러나 손이 많이 간다는 이유로 홀대했다가는 큰코다친다. 곧 염려들에 둘러싸여 그것의 먹잇감이 될지도 모르기 때문이다. 사도 바울의 레시피를 따라 부지런히 염려를 요리해야 하는 이유가 여기에 있다. 자고 일어나면 우후죽순 자라나 있는 염려는 재빨리 언어로 다듬어 기도와 간구를 통해 하나님께 제물로 드리는 것이 최선이다. 그렇게 할 때, 그분은 나의 마음과 생각을 염려로부터 지켜 주실 것이다. 날카로운 염려의 가시를 발라낸 뒤 부드러운 그분의 평강을 조기 살처럼 밥 위에 얹어 주실 것이다.

오늘도 나는 분주하다. 새로 따온 염려를 다듬느라 손에 물 마를 새가 없다. 바울의 레시피를 따라 염려를 기도로 바꾸느라 여념이 없는 것이다. 별 볼일 없는 재료로 만든 볼품없는 요리를 그분과 나눈다는 생각이 송구한 마음을 들게 한다. 그러나 뭐든 제단 위에서 해드리는 것을 즐거워하시는 분이기에 나는 용기를 낸다. 염려로 요리를 하여 그분과 나눠 먹기로 한다. 염려를 통해 그분과 더욱 친밀해지기로 한다.

"제사장은 그것을 제단 위에서 불사를지니 이는 화제로 드리는 음식이요 향기로운 냄새라"(레 3:16).

10

부활의
증인

로고스 씨와 연애하기

#1

"너희는 무서워하지 말라 십자가에 못 박히신 예수를 너희가 찾는 줄을 내가 아노라 그가 여기 계시지 않고 그가 말씀 하시던 대로 살아나셨느니라 와서 그가 누우셨던 곳을 보라 또 빨리 가서 그의 제자들에게 이르되 그가 죽은 자 가운데서 살아나셨고 너희보다 먼저 갈릴리로 가시나니 거기서 너희가 뵈오리라"(마 28:5-7).

여자들은 천사의 말을 믿을 수도,
믿지 않을 수도 없었다.
의심이 두려움을,
믿음이 기쁨을 불러들였다.
생명과 죽음, 기쁨과 슬픔,
빛과 어둠이 손에 손을 잡고 마음속에서
한바탕 난장을 쳤다.
그러나 그들의 발은 주저하지 않았다.
천사가 준 미션(mission) 때문이었다.

여자들은 제자들에게 주님의 부활의 소식을 전해 주기 위해서 달렸다. 오른발과 왼발이 번갈아들며 새벽을 차며 뛰었다. 가쁜 숨을 내쉴 때마다 심장은 두려움과 기쁨을 길 위에 쿵쿵 찍어 댔다. 무던하던 새벽이 시나브로 눈을 뜨기 시작할 무렵, 달음박질에 갑자기 급브레이크가 걸렸다. 누군가가 불쑥 튀어나온 까닭이었다. 놀란 가슴을 진정시키면서 여자들은 그를 보았다. 예수님이셨다!

"평안하냐?"(마 28:9)

여자들은 그 자리에 엎드렸다. 보고도 믿기지 않아서 엎드려 그분의 발을 잡았다. 상처가 고스란히 남아 있었다. 순간, 의심의 두려움이 확신의 경외감으로 변화되었다. 여자들의 몸이 떨리기 시작했다. 그들은 곧바로 주님을 경배했다.

"무서워하지 말라 가서 내 형제들에게 갈릴리로 가라 하라 거기서 나를 보리라"(마 28:10).

벅찬 감격만을 품고서 여자들은 달렸다. 산비탈을 오르는 산양처럼 가볍게 달렸다. 아니, 오히려 두둥실 날아가고 있었다. 주님의 부활을 전할 생각에 벌써부터 입이 근질거렸다.

#2

"Suddenly Jesus met them"(마 28:9, NIV).

부활하신 예수님은 느닷없이 여자들에게 나타나셨다. 그리고 갈릴리에서의 미팅을 제자들에게 전하라고 하셨다. 그런데 그것은 이미 천사를 통해서 전해들은 것이었다. 별로 효율적이지 않은 행동이다. 처음부터 본인이 직접 여자들을 만나 부활을 증거하고 명령을 내리시는 것이 나았다. 하지만 예수님은 그렇게 하지 않으셨다. 왜 그러셨던 것일까?

몇 가지로 추측을 해 보자면, 먼저는 여자들의 믿음의 확신을 위해서였을 것이다. 부활하셨다는 천사의 말을 듣고 여자들은 두려움과 기쁨을 동시에 느꼈다. 일단 믿기는 했지만, 확신까지는 아니었던 것이다. 그래서 주님은 중간에 나타나셔서 부활을 직접 보여 주셨던 것이다. 백문이 불여일견이니 말이다. 부활하신 주님께 경배하면서 그들은 일말의 의심을 말끔히 몰아낸 후, 확신 위에 굳게 섰을 것이다.

다음으로는 여자들을 부활의 첫 증인으로 삼겠다는 뜻 때문이었을 것이다. 당시에는 여자들의 증언은 신빙성이 없었다. 그런 점에서 부활의 첫 증인이 여자들이라는 사실은 자칫 부활을 거짓 스캔들이 되게 할 수도 있었다. 그런데도 주께서는 여자들을 부활의 첫 증인으로 삼기 위해서 중간에 그들 앞에 나타나신 것이다.

마지막으로는 조금이라도 빨리 여자들을 만나고 싶어서였을 것이다. 즉 그들이 부활하신 주님을 만나고 싶은 열망보다, 부활하신 주님이 그들을 만나고 싶은 열망이 더 컸던 것이다. 그래서 그분은 참지 못하시고 중간에 여자들 앞에 불쑥 나타나셨던 것이다.

예수님은 소외된 사람들을 한결같이 사랑하셨다. 그래서 여자들의 의심을 풀어 주시고, 그들을 부활의 첫 증인으로 삼아 주시고, 또한 그들을 맨 먼저 만나 주셨던 것이다. 그리고 동일하신 주님은 여자들 중 하나인 나의 의심을 풀어 주시고, 나를 증인으로 삼아 주시며, 나를 만나기를 열망하신다. 할렐루야!

사순절이 고난주간을 지나 부활절에서 마침표를 찍었다. 특별히 이번 성금요일에는 가족 모두가 금식하는 은혜를 누렸다. 나는 금식을 하는 중에 고난주간이 일 년에 고작 칠 일이라는 사실에 감사했다. 고통과 아픔으로 점철된 것이 인생이고, 고난과 핍박이 필수인 것이 그리스도인의 삶이지만, 주님께서는 당신의 제자들이 짧게 슬퍼하고, 그보다는 훨씬 오래, 그러니까 항상 기뻐하기를 원하신다는 것을 깨달았던 것이다.

"항상 기뻐하라 쉬지 말고 기도하라 범사에 감사하라 이것이 그리스도 예수 안에서 너희를 향하신 하나님의 뜻이니라"(살전 5:16-18).

부활주일 새벽에 비가 왔다. 우기를 따라 쌀쌀한 기후로 들어가는 길목에서 맞는 남반구에서의 부활절은 북반구의 그것과는 사뭇 다르다. 얼마 전 있었던 테러 사건과 맞물려 우중충했던 부활절에 우리는 분명 우울했다. 그러나 그것에 압도당하지 않으려고 부활하신 주님을 찬양했다. 그리고 기도 안에서 우리는 범사에 감사하고, 항상 기뻐하기 위해서 계속 찬양할 것이다.

11

별미
경고

#1

"눈은 몸의 등불이니 그러므로 네 눈이 성하면 온 몸이 밝을 것이요
눈이 나쁘면 온 몸이 어두울 것이니 그러므로 네게 있는 빛이 어두우
면 그 어둠이 얼마나 더하겠느냐"(마 6:22-23).

어려서부터 딸 하영 양은 작은 눈에 대한 콤플렉스를 달고 살았
다. 어쩌면 눈이 큰 미국 아이들이 양 집게손가락으로 자기 눈을
찢으면서 했던 짓궂은 놀림 때문일지도 모르겠다. 오랫동안 나는
그녀의 작은 눈 콤플렉스를 상대해 왔다. 때로는 작은 눈의 아름
다움에 대한 말도 안 되는 개똥 미학을 설파하기도 했고, 때로는
작은 눈을 유머로 희화시키기도 했으며, 때로는 눈 큰 것들을 오
징어 삼아 질겅질겅 씹어대기도 했다.

이미 사춘기에 접어든 그녀의 작은 눈은 잘 붓는 편이다. 그래서
냉동실의 쮸쮸바가 자주 아이스 팩으로 둔갑을 하고 있기는 하지
만, 그녀가 작은 눈을 부끄러워하는 일은 더 이상 없다. 오히려 자
기 눈을 장난스럽게 자랑스러워하기까지 한다. 눈의 중요함이 '크
기'가 아니라 '무엇을 봄'에 있다는 것을 알게 된 까닭일 것이다.
예수께서는 '눈이 몸을 비춰 주는 등불'이라고 말씀하셨다. 그래
서 눈이 땅의 보물을 봄으로 나빠지면 몸도 어두워지고, 눈이 하
늘의 하나님을 봄으로 성하면 몸도 밝을 것이라고 하셨던 것이다.

#2

"이삭이 나이가 많아 눈이 어두워 잘 보지 못하더니"(창 27:1).

한 사람을 만났다. 그는 잘 보지 못하는, 몸이 어두운 노인 이삭이었다. 그가 잘 보지 못했던 까닭은 노안 때문만은 아니었다. 그의 눈은 이미 오래전부터 땅의 것에 의해 장악당하고 있었다.

"이삭은 에서가 사냥한 고기를 좋아하므로 그를 사랑하고"(창 25:28).

"내가 즐기는 별미(delicious food)를 만들어 내게로 가져와서 먹게 하여 내가 죽기 전에 내 마음껏 네(에서)게 축복하게 하라"(창 27:4).

"나를 위하여 사냥하여 가져다가 별미를 만들어 내가 먹게 하여 죽기 전에 여호와 앞에서 네게 축복하게 하라 하셨으니"(창 27:7).

"그가 즐기시는 별미를 만들리니"(창 27:9).

"그의 어머니가 그의 아버지가 즐기는 별미를 만들었더라"(창 27:14).

야곱과 에서가 복중에 있을 때부터 이삭은 이미 알고 있었다. 큰 자 에서가 작은 자 야곱을 섬기게 될 것이라는 것을 말이다(창 25:23). 그러나 이삭은 별미에 눈이 멀어서, 야곱이 아니라 에서에게 자신이 줄 수 있는 모든 축복을 마음껏 주고 싶었다.

　이후 벌어지는 사건은 가족 사기극, 가족 잔혹극, 그리고 눈물 없이는 볼 수 없는 가족 이별극으로 이어진다. 이 모든 사건의 발단은 이삭의 어두워진 눈에 있었다. 별미에 눈이 어두워져 야곱이 아니라 에서를 축복하려고 했으나, 아이러니하게도 눈이 나빠서 에서가 아니라 야곱을 축복함으로써 불행의 시대를 열었던 것이다.

#3

그리스도의 몸이 어두워지고 있다는 소식을 전해들을 때마다 마음이 무거워진다. 교회가 다시 오실 신랑이 아니라 이 땅의 휘황함에 눈이 멀었기 때문이다. 긴 탄식과 함께 말씀으로 내 몸을 비춰본다. 나를 어둡게 하는 별미는 무엇일까?

"이는 세상에 있는 모든 것이 육신의 정욕과 안목의 정욕과 이생의 자랑이니 다 아버지께로부터 온 것이 아니요 세상으로부터 온 것이라 이 세상도, 그 정욕도 지나가되 오직 하나님의 뜻을 행하는 자는 영원히 거하느니라"(요일 2:16-17).

건기를 지나고 있는 터라, 알레르기성 결막염으로 딸 하영 양이 고생이다. 안쓰러운 마음으로 그녀의 작은 눈에 안약을 넣어 주면서 나는 기도한다.

"주여~ 딸의 눈을 치료하여 밝히 보게 하옵소서.
시선을 사로잡는 땅의 호화로움이 아니라
반드시 다시 오실 당신을 보게 하옵소서.
그리고 라오디게아의 안약을 별미로 어두워진 저와
교회들의 눈에 발라 주옵소서.
치료된 눈으로 당신만을 바라봄으로
우리의 몸을 세상의 빛으로 환히 밝혀 주옵소서."

12
유다의
힐링 캠프

#1

"잔이 그 손에서 발견된 자만 내 종이 되고
너희는 평안히 너희 아버지께로 도로 올라갈 것이니라"(창 44:17).

요셉은 베냐민을 쳐다보면서 말했다.
발그레하던 베냐민의 낯빛이 사색이 되어 있었다.
오래전 자신도 저런 낯빛이었으리라 생각되자
요셉의 뒷덜미가 뜨거워졌다.
유다가 조심스럽게 요셉에게 다가왔다.
다가오는 유다를 보자 요셉은 순식간에
열일곱 소년으로 변했다.

"자 그를 이스마엘 사람들에게 팔고
그에게 우리 손을 대지 말자"(창 37:27).

그 옛날 유다의 음성이 환청으로 들려왔다.

몸이 떨리기 시작했다.
요셉은 마른 침을 삼켰다.

"이제 주의 종으로 그 아이를 대신하여 머물러 있어

내 주의 종이 되게 하시고 그 아이는

그의 형제들과 함께 올려 보내소서"(창 44:33).

악물고 있었던 입술에서 신음소리가 새어 나왔다.
참았던 눈물이 제멋대로 출렁 쏟아졌다.
열일곱 살 요셉은 소리를 지르기 시작했다.

"나는 당신들의 아우 요셉이니 당신들이 애굽에 판 자라"(창 45:4).

눈물이 쉼 없이 흘러내렸다.
그간의 서러움과 억울함 그리고 셀 수 없는 고통을
눈물로 씻어 내면서 열일곱 요셉은
애굽의 총리로 빠르게 자라나고 있었다.

"당신들이 나를 이곳에 팔았다고 해서 근심하지 마소서

한탄하지 마소서 하나님이 생명을 구원하시려고

나를 당신들보다 먼저 보내셨나이다…

그런즉 나를 이리로 보낸 이는 당신들이 아니요

하나님이시라"(창 45:5, 8).

#2

주인공 요셉보다 조연인 유다에게 관심이 더 간다. 유다의 힐링 캠프가 아니었다면 요셉의 위대한 신앙고백이 나올 수 없을 것 같아 보이기 때문이다. 도대체 그 동안 유다에겐 무슨 일이 있었던 것일까?

"그 후에 유다가 자기 형제들로부터 떠나 내려가서 아둘람 사람 히라와 가까이 하니라"(창 38:1).

'그 후'란 형제들이 요셉을 판 후를 말한다. 불친절한 성경은 유다가 왜 자기 형제들로부터 떠났는지를 얘기해 주지 않는다. 그러나 이 불친절함은 오히려 더 자유롭게 상상할 수 있게 해 준다. 어쩌면 유다는 뒤늦은 후회와 자책감으로 팔려간 요셉을 찾아다녔을지도 모른다. 그 과정에서 그는 자식과 아내를 잃는 슬픔을 경험했는데, 이것은 그로 하여금 요셉을 잃고 실의에 빠진 아버지 야곱의 마음을 깊이 이해하게 했을 것이다.

베냐민 대신 종이 되겠다고 했을 때, 길었던 유다의 회개는 비로소 완성되었다. 완성된 회개 안에서 요셉뿐만 아니라 모든 형제들도 힐링을 경험하게 되었을 것이다.

#3

당황스러운 일이었다. 별 이유도 없이 B에게 좋지 않은 감정을 갖게 되었으니 말이다. 그 후에 B에 대한 감정이 A에게서 비롯되었다는 것을 어렵지 않게 알게 되었다. A에 대한 찌꺼기 감정을 B에게 전이시켰던 것이다.

오래전에 읽었던 소설 「왜 나는 너를 사랑하는가」에서 알랭드 보통은 이렇게 말했다.

"따라서 성숙이라는 것—잡기 힘든 목표이지만—은 모든 사람에게 그들이 받을 만한 것을 받을 만한 때에 주는 능력이라고 표현할 수도 있겠다. 자신에게 속하고 또 거기서 끝나야 할 감정과 그런 감정을 촉발시킨 사람에게—나중에 나타난 죄 없는 사람이 아니라—즉시 표현해야 할 감정을 구분하는 능력이다."

정확히 미성숙한 나는 요즘, 요셉을 크게 치유했던 유다의 힐링 캠프를 갈망하는 중이다. 키리에 엘레이손!

13

가난한 자들의
평화

로고스 씨와 연애하기

마구간에서 어린 양이 태어나셨다.
강보에 싸여 구유에 뉘어 있는 아기가
세상 죄를 지고 가는 하나님의 어린 양,
구주, 곧 그리스도이셨다.

호텔 스위트룸이라면 모를까
부자들에게 마구간은 쉽게 드나들 수 있는 곳이 아니다.
그래서였을까?
천사들이 찾은 자들은 부자가 아니라
한데 잠을 자던 가난한 목자들이었다.
그들에게 마구간은 어느 곳보다 친숙하고
접근이 용이한 곳이었기에 말이다.
구주가 태어나셨다는 소식을 들은 목자들은
마구간을 수소문했고,
구유에 누인 아기를 찾아내어 경배했다.

"지극히 높은 곳에서는 하나님께 영광이요
땅에서는 하나님이 기뻐하신 사람들 중에 평화로다"(눅 2:14).

목자들에게만 허락된 기막힌 천상의 코러스는
강보에 싸여 구유에 뉘어 있는 아기를 찬양했다.
그 아기는 하나님께는 영광이고,
하나님이 기뻐하신 사람들에게는 평화였다.

여기서 간과하지 말아야 할 것은
구유에 뉘어 있는 아기가 모든 사람이 아니라
하나님이 기뻐하신 사람들에게만 평화라는 것이다.
그렇다면 하나님이 기뻐하신 사람들은 누구일까?
누가는 전후 문맥과 자신의 책 전체를 통해서
그들을 '가난한 자들'이라고 말한다.

"너희 가난한 자는 복이 있나니
하나님의 나라가 너희 것임이요"(눅 6:20).

가난한 자들이란 긍휼과 함께
공의의 다스림을 갈망하는 자들이다.
달리 표현하자면
그들은 하나님이 왕이 되어 다스리시는
하나님의 나라를 열망하는 자들이다.
반면에 부자들은 긍휼과 공의의 통치를 미워한다.
그들이 갈망하는 것은 특혜와 함께
스스로 왕이 되는 것이기 때문이다.

나는 점점 더 가난해져 간다.
할 수 있는 일보다
할 수 없는 일이 압도적으로 많은
가난한 자가 되어 간다.

게다가 지나간 나의 성취와 업적들,
인정과 칭찬들이 나의 능력 때문이 아니라
모두 그분의 은혜였음이 또렷해지면서
나는 보다 더 가난해진다.
가난한 내가 할 수 있는 일은 쩔쩔매는 것뿐이다.
쩔쩔매면서 그분의 통치를 기다리는 것뿐이다.

이 와중에 강보에 싸여 구유에 누인 아기를
품에 안아 보는 일은 얼마나 큰 은혜인가!
어리고 연약한 하나님 나라는
이제 무럭무럭 자라나실 것이고,
그리하여 거대하고 강력한 하나님 나라가 되실 것이다.
그때까지 가난한 나는 어린 평화를 품에 안으며,
하나님 나라가 완전히 이루어질 때까지
오래 참으면서 기다리고 기다려야 하리라!
키리에 엘레이손!

2

솔로몬의 잔소리

하나님의
향기

#1

"네가 여호와를 위하여 만들 향은 거룩한 것이니 너희를 위하여는 그 방법대로 만들지 말라 냄새를 맡으려고 이 같은 것을 만드는 모든 자는 그 백성 중에서 끊어지리라"(출 30:37-38).

성소의 향기 레시피(출 30:34-35)

- **재료:** 소합향, 나감향, 풍자향, 소금
- **배합:** 소합향1, 나감향1, 풍자향1, 소금 약간
- **만들기**
  ❶ 향 만드는 법대로 만들어 주세요.
  ❷ 이 때 성결을 위해 소금을 반드시 쳐 주세요.

하나님께서 당신의 처소에서 쓰일 향기를 직접 조향(調香)하신다. 동시에 그 누구도 이와 똑같은 방법으로 향기를 만드는 것을

금지하신다. 어디에서도 쉽게 맡을 수 없는 매우 특별하고도 독특한 향기, 즉 하나님의 향기가 성소에서 풍겨났을 것은 당연했다.

#2

미국 유학 시절, 나는 남편과 가끔 스타벅스에 들리곤 했다. 동네마다 몇 개씩이나 있는 대중적인 커피 전문점의 문을 열고 들어서면 우리는 예외 없이 뜨거운 환영을 받았다. 언제 맡아도 기분 좋은 커피 향이 우리를 살뜰히 맞아 주었던 것이다. 향긋한 커피 향의 즐거운 환대 속에서 우리는 스타벅스가 만든 언어(톨, 그란데, 벤티)와 규칙(주문과 계산 후 커피를 기다리는 짓)을 지키면서 다양한 커피를 만나곤 했다.

커피를 앞에 두고 스툴에 앉고 나면, 우리는 그날 묵상했던 말씀을 나누면서 때론 하나님의 은혜에 감격하기도 하고, 때론 서로를 위로하거나 격려했다. 따뜻했던 스타벅스 조찬 모임이 끝나면 아쉬움을 뒤로 한 채 집으로 돌아갔는데, 빈손으로 돌아간 적은 한 번도 없었다. 옷 한가득 커피 향을 담아 갔던 것이다. 커피 냄새는 오전 내내 지속되었다. 나는 그 냄새가 참 좋았다.

어쩌면 이스라엘 백성들이 제물을 가지고 하나님의 집에 들어갔을 때, 가장 먼저 그들을 환영해 주었던 것도 향기였을 것이다. 성소에서만 나는 독특한 향기의 환대를 통해서 그들은 하나님의 임재 안으로 들어가 그분께 제사를 드렸을 것이다. 그리고 제사를 끝내고 각자의 처소로 돌아왔을 때는 옷에 밴 성소의 향기가 한참 동안 났을 것이다. 그래서 길에서 그들을 만난 이웃은 이렇게 말했을 지도 모른다.

"흐음~! 하나님께 예배드리고 왔나 보군. 당신에게서 성소의 향기가 나는 것을 보면."

영(靈)이신 하나님은 향기를 통해 당신의 임재를 생생하게 느끼게 하고 싶으셨나 보다. 눈에는 보이지 않으나 후각을 통해서 분명히 느낄 수 있는 향기만큼 그분의 임재를 확실히 보여 주는 것도 없을 테니 말이다. 그리고 이것이 하나님께서 당신의 향기를 성소 이외의 곳에서, 다른 용도로 사용하는 것을 금하셨던 이유일 것이다. 성소의 향기는 곧 하나님의 향기, 그의 임재의 증거였으니 말이다.

#3

"흐음~ 아빠 냄새 좋아!"

방학을 맞이하여 늦잠을 자고 일어난 아들 하진 군이 의자에 걸쳐 놓은 아빠의 티셔츠에 얼굴을 부비면서 행복한 미소를 짓는다. 아프리카 목회자들을 가르치기 위해서 아침 일찍 학교에 간 아빠를 무척이나 그리워하면서 말이다.

그런 아들을 보면서 소원을 갖는다. 자주 성소에 드나들어 내 삶 구석구석이 그분의 향기로 가득하기를! 그래서 여러 이웃들이 그 향기를 통해 그분을 기억하게 되기를!! 그리고 그들도 하진 군처럼 아빠 하나님의 옷자락에 얼굴을 묻으며 마침내 그 향기를 충만히 즐거워하기를!!!

02
작품명:
내가 여호와인 줄 알리라

#1

동물원 옆 미술관

그곳을 책방만큼이나 자주 드나들던 때가 있었다. 그것은 쉬 섭렵하지 못할 만큼 광대했으나, 청춘이었던 그 시절의 나에게는 싱싱한 두 다리와 가실 줄을 모르는 열정이 있었다. 문 닫을 시간이 되면, 애송이는 기다란 피곤을 끌고 가면서도 제 딴엔 예술에 한껏 고양되어서는 발갛게 저무는 해보다 더 새빨간 마음을 짓곤 했다.

그림은 은막이 아니다. 그것은 차라리 창문이고 세상이다. 그런 작품을 보러 갔다면 작가의 이름보다 그림의 제목에 관심을 쏟는 것이 자연스럽다. 관람객의 예의(禮意)는 화가가 쥐어 준 제목을 열쇠 삼아 창문을 열고 그의 세상을 들여다보는 것이다. 멋대로 보고 오만하게 해석하는 것은 방종이다. 구경꾼의 자유는 작가가 정해 준 경계선 안에서 흠씬 감상하는 것이다. 자유롭게 작품과 노닥거리다 보면 저절로 끌리는 것들이 있다.

다음 단계로 그 작가에게 호감을 느끼는 것은 일종의 관성의 법칙이다. 호감이 호기심을, 호기심이 앎을 끌어들이면서 취향이 탄생한다.

나는 카미유 코로와 현동자 안견의 몽환적 대기를 좋아한다. 클로드 모네의 따뜻한 햇살과 남리 김두량의 부드러운 달빛 무드를 좋아한다. 그들을 통해 나는 먼 그리움과 가까운 안타까움 사이에서 살아 있음을 느낀다. 그리고 감사한다. 볼 수 있는 눈을 지어 주시고, 그것을 통한 취미를 마음껏 향유할 수 있게 해 주신 분께 감사한다.

#2

최근에 그림 한 점을 소개받았다. 큐레이터는 에스겔이었다. 그
림은 어두운 색조와 거친 필치, 그리고 전쟁의 소재를 처참하게
형상화한 묵시화(黙示畵)였다. 작품 옆에 제목이 붙어 있었다. '내
가 여호와인 줄 알리라.'

"그 죽임 당한 시체들이 그 우상들 사이에, 제단 사방에, 각 높은 고개
위에, 모든 산꼭대기에, 모든 푸른 나무 아래에, 무성한 상수리나무
아래 곧 그 우상에게 분향하던 곳에 있으리라 내가 여호와인 줄 너희
가 알리라 내가 내 손을 그들의 위에 펴서 그가 사는 온 땅 곧 광야에
서부터 디블라까지 황량하고 황폐하게 하리니 <u>내가 여호와인 줄을 그
들이 알리라</u>"(겔 6:13-14).

여호와의 묵시가 바벨론의 포로였던 에스겔에게 임했다. 곧 유
다가 멸망할 것이라는 예고였다. 그는 마치 앰프와 스피커의 궁합
이 좋은 오디오처럼 여호와의 말씀을 옳게 받아들여, 구체적이고
섬세한 언어로 그려 냈다. 동시에 그는 그것을 특정한 관람자들을
지목하여 소개해 주었다. 작품은 애초부터 그들에게 보일 목적으
로 그려진 것이었다.

"너희 중에 살아남은 자가 사로잡혀 이방인들 중에 있어서 나를 기억하되 그들이 음란한 마음으로 나를 떠나고 음란한 눈으로 우상을 섬겨 나를 근심하게 한 것을 기억하고 스스로 한탄하리니 이는 그 모든 가증한 일로 악을 행하였음이라 그때에야 그들이 <u>나를 여호와인 줄 알리라</u> 내가 이런 재앙을 그들에게 내리겠다 한 말이 헛되지 아니하리라"(겔 6:9,10).

가브리엘 가르시아 마르케스의 소설 「백 년 동안의 고독」 속의 아우렐리아노 바빌로니아가 멜키아데스의 양피지를 읽고 해석했듯이, 유다의 살아남은 자들은 에스겔의 묵시화를 보고 깨달았을 것이다. "You will know that I am the Lord!" 그들의 주인이 그들 자신(우상)이 아니라 여호와였음을.

예루살렘 성전이 완전히 무너진 후에야 그들은 이 진리를 깨달았다. 너무 늦은 듯 보였으나 사실은 그렇지 않았다. 작가 여호와가 소설 속 멜키아데스와 전혀 달랐던 것이다. 유다와 예루살렘은 브엔디아 가문과 마콘도처럼 완전히 소멸할 수 없었다. 기어이 다시 살아나고 재건되는 것 외에 다른 도리가 없었다. 여호와는 그런 작가였다.

#3

  성경 묵상을 하다 보면 별 수 없이 지나온 삶의 궤적을 들여다봐야 할 때가 있다. 말씀의 단어와 구와 절에 갇힐 때마다 꼼짝없이 과거 위에 시력을 모은다. 고요함이 적막해질 즈음 말씀이 매직아이가 된다. 전혀 새로운 것이 입체감을 입고 귀뚜라미처럼 튀어 오르는 것이다. 고양이처럼 살짝 올라간 입 꼬리, 파르르 떨리는 손가락, 병 속으로 떨어지는 슬픈 눈물, 겨울밤 시린 입김 같은 한숨, 흐느낌으로 들먹이는 등, 성난 황소 같은 눈썹, 박하 향 나는 폭신한 귓불, 사춘기 소년처럼 새빨간 볼, 마음먹은 대로 뭐든 베어 낼 수 있는 칼을 든 손….

  이런 것들이 모여 하나의 초상이 된다. 눈에 보이지 않는 내 주인의 초상이다. 그러나 아직은 미완이다. 평생에 걸쳐 삶 속에서 그려져야 하는 까닭이다. 먼 훗날 붓을 놓아야 할 때, 나는 비로소 완연히 알게 될 것이다. 그분이 나의 여호와이심을. 나 하나 갖기 위해 지독하게 애쓰셨던 주인이심을.

  나는 화원(畫員)이다. 그것도 어진(임금의 초상)을 그리는 최고의 화원이다. 비록 필세가 조약하여 태작(駄作)이 허다한 것이 사실이지만, 너그러운 주인 덕택에 나는 오늘도 그림을 그린다. 내 주인, 나의 왕을 그려내는 중이다. 키리에 엘레이손!

03

아버지
사울

#1

내 이름은 '상예'다. 그러나 가족과 친족들은 나를 '상희'라 부른다. 오래전에 떠난 고향에는 여전히 '상희'라는 이름이 떠돈다. 상희 아빠와 상희 엄마가 그곳에 살고 있기 때문이다.

잠시 케냐를 떠나 병으로 몸져 누워 계신 아비를 뵈러 고향에 도착했을 때, 나는 재빨리 상희가 되었다. 3주 동안 한 방에서 아비, 어미와 처절하게 같이 먹고 같이 자자, 40년 넘게 무거운 돌로 눌러놓았던 판도라의 상자가 끝내 열렸다. 열린 상자로부터 오래된 관계의 상처들이 쏟아져 나왔다. 무거운 돌의 정체는 강요되어 왔던 착한 딸 콤플렉스였다.

#2

그 즈음 나는 미갈과 요나단을 만났다. 그들은 남편이자, 베스트 프렌드인 다윗의 일로 아버지 사울에게 상처를 받아 몹시 괴로워하고 있었다.

"사울이 전령들을 다윗의 집에 보내어 그를 지키다가 아침에 그를 죽이게 하려 한지라 다윗의 아내 미갈이 다윗에게 말하여 이르되 당신이 이 밤에 당신의 생명을 구하지 아니하면 내일에는 죽임을 당하리라 하고 미갈이 다윗을 창에서 달아 내리매 그가 피하여 도망하니라"(삼상 19:11-12).

"요나단이 그의 아버지가 다윗을 죽이기로 결심한 줄 알고 심히 노하여 식탁에서 떠나고 그달의 둘째 날에는 먹지 아니하였으니 이는 그의 아버지가 다윗을 욕되게 하였으므로 다윗을 위하여 슬퍼함이었더라"(삼상 20:33-34).

우리 셋은 모여도 별 말이 없었다. 미갈은 종종 눈물을 찍어 댔고, 요나단은 긴 한숨만 내쉬곤 했다. 그들은 다윗 사냥에 혈안이 되어 점점 미쳐가는 아버지 사울을 곁에서 지켜보는 것이 괴롭다고 토로했다. 그러나 그들은 이미 알고 있었다. 왕인 아버지 앞에서 그들이 할 수 있는 일은 아무것도 없다는 것을. 아버지의 말과 행동이 옳지 않다 할지라도 속수무책으로 당하거나 손 놓고 지켜보는 수밖에 없다는 것을.

하지만 나는 달랐다. 착한 딸 콤플렉스를 과감히 밀어낸 나는 그동안 쌓아 왔던 상처들을 꺼내어 아비와 어미에게 보여 주었고, 얼마나 힘들었는지를 토로했다. 아비는 울었고, 어미는 미안해했다. 판도라의 상자 속에서 마구잡이로 튀어나온 상처들이 우리를 진탕 휘젓고 사라지자, 용서와 화해가 상자 밖으로 슬그머니 고개를 내밀었다.

나는 아비의 손을 잡고 말했다. 그럼에도 불구하고 아버지가 내 아버지여서 고맙다고. 무엇보다 어렸을 적에 교회에 다니는 것을 반대하지 않아서 고맙다고. 그리고 어미를 안으면서 말했다. 그럼에도 불구하고 그녀를 정말 많이 사랑한다고.

#3

　미갈과 요나단과의 만남은 짧았다. 헤어질 때, 그들은 내게 부럽다고 했다. 나는 멋쩍게 그들에게 말했다. 그래도 아버지는 아버지라고. 그들은 고개를 끄덕이며 멀어져 갔다. 그들이 안쓰러웠다. 그리고 내 아버지만큼이나 그들의 아버지도 안쓰러웠다.

　내 아버지는 한평생 하나님 없이 살아오셨다. 하나님 없이 살았으니 지옥을 살았던 셈이다. 하지만 이제 지옥에 그는 없다. 그분께서 내 아버지를 기어이 찾아내셨기 때문이다. 너무 늦지 않게 내 아버지의 주님이 되어 주셨기 때문이다.

　'구원의 주여! 진심으로 아버지에게 고맙다고 말할 수 있는 기회를 주셔서 참 감사합니다.'

04

엔돌 무녀의
식탁에서

#1

식욕을 잃은 것은 차라리 당연한 일이었다.

사무엘은 이미 죽었고,

이스라엘의 일이라면 두 팔을 걷어붙이시던 여호와마저

꿀 먹은 벙어리가 되셨다.

블레셋과의 결전을 코앞에 두고

사울은 버림받은 고아가 되었던 것이다.

그는 자신의 운명을 직감했다.

직감과 함께 스멀스멀 기어들어 온 공포가

그의 마음을 사정없이 짓이겼다. 속수무책이었다.

견디다 못한 그는 결국,

자신이 만든 법을 어기고 엔돌 무녀를 찾아가

사무엘을 불러냈다.

이런 상황에서 만나고픈 이가

하필 사무엘이라는 것은 놀라웠다.

사무엘을 생각할 때마다 사울의 마음은 애증으로 복잡했다.

별 볼 일 없던 자신을

이스라엘의 왕으로 다시 태어나게 했던 은인이자,

남몰래 다윗에게 기름을 부어 자신의 뒤통수를 쳤던 배신자,

사무엘. 하지만 그라면 누구보다 정확하게

하나님의 뜻을 전해 줄 것이었다.

"여호와께서 나를 통하여 말씀하신 대로 네게 행하사
나라를 네 손에서 떼어 네 이웃 다윗에게 주셨느니라
네가 여호와의 목소리를 순종하지 아니하고
그의 진노를 아말렉에게 쏟지 아니하였으므로
여호와께서 오늘 이 일을 네게 행하셨고
여호와께서 이스라엘을
너와 함께 블레셋 사람들의 손에 넘기시리니
내일 너와 네 아들들이 나와 함께 있으리라
여호와께서 또 이스라엘 군대를
블레셋 사람들의 손에 넘기시리라"(삼상 28:17-19).

막연했던 직감이 사무엘의 말을 통해서 기정사실이 되었다.
사울을 애써 받치고 있던 기둥 같은 두 다리가
한 순간에 와르르 무너졌다.
천하를 호령하던 왕이 아이처럼 쓰러지자,
엔돌 무녀에게 불쌍히 여기는 어미의 마음이 고여들었다.

"여종이 왕의 말씀을 듣고 내 생명을 아끼지 아니하고
왕이 내게 이르신 말씀을 순종하였사오니
그런즉 청하건대 이제 당신도 여종의 말을 들으사
내가 왕 앞에 한 조각 떡을 드리게 하시고 왕은 잡수시고
길 가실 때에 기력을 얻으소서"(삼상 28:21-22).

목숨을 걸고 왕에게 순종한 대가로
엔돌 무녀는 자신이 지은 밥 한 끼를
그에게 대접하게 해달라고 청했다.
삶에의 욕구이자 의지인 입맛을 잃은 그가
거절하는 것은 당연했다.
그러나 엔돌 무녀는 물러서지 않았다.
곁에 있던 신하들도 거들었다.
그녀는 가지고 있는 식재료들 중 가장 좋은 것으로
급히 밥상을 차렸다.
송아지 요리와 무교병이 놓인 엔돌 무녀의 식탁에
사울과 신하들이 함께 앉았다.
입 안은 여전히 깔깔했다.
하지만 사울은 입맛을 달래가면서
애써 고기를 씹었다.
신하들도 그를 따라 음식을 넘겼다.
처연했던 그 밤의 식사가 끝났다.
엔돌 무녀의 음식을 먹고
가까스로 기운을 차린 사울은
비겁하게 도망치지 않았다.
오히려 그는 의연하게 자신의 전장(戰場)으로 나아갔다.
그리고 자기 전장을 끝까지 지키다가 장렬하게 전사했다.

로고스 씨와 연애하기

#2

하루가 다르게 병색이 짙어져 가는
아비의 입맛이 사라진지는 이미 오래였다.
함께 있는 동안 밥을 먹는 것이 고역인 아비와 함께 앉아서
식사하는 일은 곤욕이었다.
그러나 나는 악착같이 그와 함께 밥을 먹었다.
병상에 누워 주무시는 그를 바라보는 것 또한
괴로운 일이었다.
하지만 나는 마다하지 않았다.

아비의 다리를 주무르다 마주치는 타나토스(죽음)의
섬뜩한 얼굴은 끔찍했으나,
피하지 않기 위해서 나는 이를 악물었다.
빠르게 야위어 가는 아비를 안타깝게 응시하면서
나는 숙주(宿主)를 떠올리곤 했다.
암은 아비의 몸을 숙주로 삼아 그의 지방과 근육을
냉큼 빨아들이고 있었다.
타나토스의 아들인 암은
내 아비의 입맛과 생명을 착취하여
제 아비에게 바쳤던 것이다.

요즘, 내 아비는 그때보다 더욱 힘들어지셨다고 한다.
그러나 그는 매일 엔돌 무녀의 식탁에 앉아서

그것이 비록 미음일지라도 끼니를 거르지 않는다고 하신다.
어렵게 식사를 마치시고
자신의 전장으로 나아가는 아비를 생각할 때마다
눈물이 쏟아진다.
오늘도 그는 누구도 대신해서 싸워줄 수 없는 전쟁에 임할 것이다.
그리고 사력을 다해 타나토스와 맞서 싸울 것이다.
그리고 마침내 싸움이 끝날 때,
그는 타나토스를 기어이 죽여 버리신
영생이신 그분의 품에 고요히 깃들 것이다.
그때까지 아비가 불쌍히 여기는 마음으로 마련된
엔돌 무녀의 식탁에서 계속해서 힘을 얻으시기를,
그래서 마지막까지 자신의 전장에서 승리하시기를.
키리에 엘레이손!

로고스 씨와 연애하기

05
라멘트
(Lament)

모처럼 모래알처럼

영정 사진 아래 모여

아비의 부재를 덮고 잔 우리는

아침이면 자리를 털며 일어났어도,

다섯 살 아이의 이빨처럼

우리에게서 훌쩍 빠진 그는

일어날 줄을 몰랐다.

이스라엘의 딸아

아비를 슬퍼하여 울지어다.

그가 스칼렛 부츠로

너에게 화려하게 신겼고,

금반지를 너의 손가락에 채웠도다.

오호라 그가 병중에 엎드러졌도다.

그가 병상에서 죽음을 당하였도다.

아비여
내가 그대를 애통함은
그대는 내게 심히 고마움이라.
그대가 나를 사랑함이
그대에게는 최선이었기 때문이라.

오호라 화염이
그를 하얀 가루로 부수는구나.
새까맣게 타들어 가는 그의 그림자에
눈물이 젖어드는 것을
막아 낼 장사가 없구나.

눈물 속에서 그는
더 이상 혼자가 아니었다.
풀무불 속에서
사드락과 메삭과
아벳느고와 함께 있었던 분이
그를 안고 계셨던 것이다.
한 줌 재 속에서도

로고스 씨와 연애하기

그의 영혼이 일점도 상할 수 없었던 것은
그 때문이었다.

먼 훗날 그분이
기어이 다시 오시는 날
재는 토기장이의 손 안에서
전혀 새롭게 빚어질 것이니,
이스라엘의 딸아
그가 일어날 새 아침이 오기까지
그분을 기대하라.
오직 그분만을 갈망하라.

06

나실인의
어미 되기

나누면 나눌수록 아이는 점점 문제투성이가 되어 갔다. 나누어 들은 이들은 너도나도 입바른 소리를 보태며 아이의 문제를 가중시켰다. 발 없는 말들이 어지럽게 달리며 흙먼지를 일으켰다. 먼지에 가려져 아이는 제대로 보이지 않았다. 뭔가 잘못되어 가고 있었다. 그러나 내가 할 수 있는 것은 숱한 흙먼지를 뒤집어쓴 채 잦은 기침을 하는 것이 전부였다. 이를 보다 못한 그분이 나를 데리고 출애굽기로 들어가셨다.

"When she saw that he was a fine child, she hid him for three months"(출 2:2, NIV).

그분이 내게 물으셨다.

"누가 'fine'한 것이냐? 아기 모세냐? 모세의 엄마냐?"

"… ."

"진실로 누가 'fine'한 것이냐?"

"모세의 엄마입니다. 그녀의 마음이 'fine'하여 아기를 'fine'하게 보았던 것입니다."

기어들어 가는 목소리로 내가 대답했다.

"그렇다면 진실로 누가 문제냐? 아이냐? 너냐?"

"아이를 문제로 보았던 제 마음이 문제입니다."

"이집트의 왕 바로의 명령을 따라 학력(學力)이 떨어진다고 아이를 나일 강에 던지는 어리석음을 다시는 범하지 말거라."

지엄하신 그분의 처결이 떨어졌다.

"그러므로 너는 삼가 포도주와 독주를 마시지 말며 어떤 부정한 것도 먹지 말지니라"(삿 13:4).

아이는 거룩한 그분의 것이다. 그런 점에서 아이는 나실인이다. 나는 그의 어미로서 보이지 않는 탯줄로 여전히 아이와 연결되어 있다. 그러므로 만일 어미인 내가 포도주, 독주, 그리고 부정한 것을 먹고 마신다면, 그것은 고스란히 아이에게 영향을 미칠 것이다. 경쟁을 조장하는 풍토, 모든 것을 숫자화하여 등급을 매기는 가치관, 지식 위주의 교육 시스템…. 이와 같은 포도주와 독주와 부정한 것을 경계하고 또 경계할 의무가 나에게 떨어졌다. 아이가 그분의 것이기에 말이다. 한바탕 북새를 떨던 흙먼지가 멀리 날려가자 아이가 또렷이 보였다.

"How fine he is!"

07
십자가
배달

딸아이가 최근에 자신의 SNS 상태 메시지를 바꿨다.

"90% blonde."

뜻이 선뜻 와 닿지 않았다. 사춘기 바이러스 보균자였던 탓에 대뜸 물어볼 수는 없었다. 그러다 기회가 찾아왔다. 기분이 썩 괜찮아 보이던 어느 날 나는 그녀에게 조심스럽게 물었다.

"90% blonde가 무슨 뜻이야?"

"아~ 그거! 금발이 멍청하다는 편견은 알고 있지? 내 속에는 8명의 내가 있는데, 요즘은 멍청이가 90%를 차지하고 있어서, '90% blonde'라고 쓴 거야."

딸아이의 말을 듣고 놀랐다. 우리 집에도 니체가 살고 있었으니 말이다.

인간 속에는 바다 속 동물처럼 많은 정신들이 거주하고 있다.
이 정신들이 '자아'라고 하는 정신을 얻으려고 싸우는 것이다.

– 프리드리히 니체의 말

이제 막 고등학교에 들어간 딸아이의 자아를 차지한 것은 '어리버리 신입생 씨'였다. 이 와중에 그녀를 가장 힘들게 했던 것은 한 친구와의 관계였다. 요 저녁에는 정오의 태양이나 만들어 낼 법한 새까만 얼굴로 찾아와 다짜고짜 눈물부터 쏟아 냈었다. 적잖이 놀란 나는 이유를 물었고, 그녀는 피어 그룹원(peer group member, 또래의 친한 친구들)인 한 친구의 말과 태도 때문에 상처를 받았다고 하소연했다. 나는 그녀를 다독였고, 자세한 상황과 그녀가 원하는 것을 물어 본 뒤, 나름대로의 해결 방안을 몇 가지로 정리해서 이야기해 주었다. 복잡하게만 보였던 친구와의 관계가 쉬운 언어로 정돈되자, 거무튀튀하던 얼굴이 비갠 하늘처럼 맑아졌다.

본격적인 문제가 발생한 것은 그때부터였다. 그 옛날, 거라사 광인의 군대 귀신이 돼지 떼로 뛰어들었던 것처럼 그녀의 얼굴을 뒤덮던 검은 먹구름이 내 마음에 끼어들기 시작했던 것이다. 그녀가 제 방으로 돌아간 뒤, 갑작스런 소나기처럼 분(忿)이 쏟아지기 시작했다. 딸아이를 힘들게 한 친구에게 복수를 하고 싶었고, 힘없이 당하기만 한 아이에게 못났다고 비난을 퍼붓고 싶었다. 유황비처럼 쏟아지는 소나기를 피하기 위해 나는 침대에 뛰어들었다. 그리고 우격다짐으로 잠을 끌어안았다.

다음 날 새벽, 말씀의 문이 빼근하게 열리자 잠들었던 화근도 덩달아 깨어났다. 전날 아이의 고통이 생생하게 느껴지기 시작하더니만, 결국 나는 딸아이가 되고 말았다. 그녀가 되어 버린 나는 나를 괴롭혔던 친구를 정죄했고, 연약하게 당하고만 있는 나를 자책

하며 골고다를 올랐다. 마침 구레네 사람 시몬이 예수님을 대신하여 십자가를 지고 있었다. 십자가는 몸집이 건장한 그가 감당하기에도 버거워 보였다. 그러나 정작 그를 버겁게 했던 것은 자신이 왜 그것을 지고 가야 하는지를 모른다는 사실이었을 것이다.

"마침 알렉산더와 루포의 아버지인 구레네 사람 시몬이 시골로부터 와서 지나가는데 그들이 그를 억지로 같이 가게 하여 예수의 십자가를 지우고"(막 15:21).

골고다에 도착하자, 로마 병사들은 시몬에게서 십자가를 빼앗아 원래의 주인에게 돌려주었다. 예수께서 그 위에 달리셨던 것이다. 십자가 배달을 마치고 골고다를 내려가고 있던 시몬과 눈이 마주쳤다. 내 어깨 위에는 딸아이의 십자가가 얹혀 있었고, 얼굴에는 땀이 여러 갈래의 도랑을 짓고 있었다. 이미 다 알고 있다는 표정으로 그가 말을 건넸다.

"혹시 십자가 배달을 하고 있는 거요?"

"그렇습니다만."

"누구의 것이요?"

"딸아이의 것입니다만."

"그럼 얼른 배달하고 내려오시오."

"얼른 내려와요?"

"배달의 생명이 신속과 정확이라는 걸 모르오? 정확하게 주인에게 건네주고, 신속하게 떠나란 말이오!"

커다란 오른손으로 왼쪽 어깨를 주무르면서 그가 성큼 지나쳐 갔다. 걸음걸이에서 유경험자의 여유 같은 것이 느껴졌다. 겸손치 못한 마음에 부러움과 아니꼬움이 동시에 배어들었다. 곧 불편한 옷을 벗듯 십자가를 아무렇게나 내동댕이쳤다. 중력이 십자가를 끌어안으며 요란한 소리를 냈다. 한 번쯤 돌아볼 만도 했으나 시몬은 아랑곳하지 않고 묵묵히 멀어져 갔다. 나는 가쁜 숨을 내쉬며 오래도록 그의 길을 응시했다.

그는 그 길에서 부활하신 주님을 만날 것이고, 장차 초대 교회의 지도자가 될 두 아들인 알렉산더와 루포에게 오늘 있었던 일을 간증할 것이었다. 그가 사라지자 땅바닥에 널브러져 있던 딸아이의 십자가가 더욱 또렷하게 보였다. 바람이 발갛게 상기된 얼굴로 불어왔다.

'그래, 이건 내 것이 아니야. 나는 잠시 거들어 줄 뿐, 이것을 감당해 내야 하는 건 딸아이의 몫이지.'

웬만한 백과사전보다 육중한 교과서들을 짊어지고 등교하는 어리버리 신입생 씨가 안쓰럽다. 그녀의 쉬이 해결될 것 같지 않은 관계도 딱하기만 하다. 그래서 좀 더 참견하고, 거들어 주고 싶은 게 사실이다. 그러나 아이를 위해 불편해지기로 마음먹는다. 아이가 자기 십자가를 지고 자기 앞의 생을 걸어갈 수 있도록 지켜봐 주기로 한다. 십자가 배달은 정확하고 신속하게 끝내야 하는 것이니 말이다. 키리에 엘레이손!

08

심장의
높이 맞추기

#1

마지막으로 여자까지 떠나자, 요한은 방금 전까지 예수께서 앉아 계셨던 자리로 달려갔다. 그리고는 땅바닥을 열심히 훑어보았다. '주께서 분명히 여기에 쓰셨는데….' 아무리 둘러보아도 별 소득이 없었다. 의아해 하던 요한의 얼굴에 문득 미소가 비쳤다. '주님은 무언가를 쓰기 위해서 쪼그리고 앉으신 것이 아니라, 쪼그려 앉아 있으려고 손가락으로 땅에 쓰신 거로구나! 도대체 왜?' 간음하다가 현장에서 붙잡힌 여자가 땅바닥에 내팽개쳐진 것은 방금 전의 일이었다. 땅바닥에 주저앉은 그녀는 수치심과 두려움으로 몸을 바들바들 떨고 있었다. 고발자들은 선 채로 그녀를 무자비하게 내려다보았다. 굶주린 늑대들에게 둘러싸인 양처럼 그녀는 잔뜩 움츠린 채 신음소리조차 내지 못했다.

"모세는 율법에 이러한 여자를 돌로 치라 명하였거니와 선생은 어떻게 말하겠나이까"(요 8:5).

예수께서는 사나운 질문 앞에서 아무 대답도 하지 않으셨다. 대신에 그저 여자 곁에 쪼그리고 앉으셨다. 그리고는 손가락으로 땅바닥에 무언가를 쓰셨다. 누가 봐도 딴청을 부리는 것처럼 보였다.

여자가 살짝 고개를 들어 그분을 보았던 것은 그때였다. 고발자들의 아우성 속에서도 그분은 한가롭게 흙장난을 하는 것처럼 보였다. 예수님과 여자의 심장의 높이가 맞춰지자 예수님의 평화로운 심장의 리듬이 그녀에게 전달되었다. 미친 듯이 방망이질 치던 여자의 심장은 차츰 안정을 되찾았다. 그러나 고발자들의 으르렁 거림은 좀처럼 물러설 줄을 몰랐다. 예수께서는 귀찮다는 듯이 벌 떡 일어나서 말씀하셨다.

"너희 중에 죄 없는 자가 먼저 돌로 치라!"(요 8:7)

시속 160킬로미터가 넘는 속도로 말씀을 정확히 스트라이크 존에 꽂으신 후, 예수께서는 다시 쪼그리고 앉아서 흙장난을 마저 하셨다. 주변은 삽시간에 꿀 먹은 벙어리가 되었다. 그 후 죄책감으로 입맛을 잃은 늑대들은 하나둘 먹잇감 곁을 떠났다. 피에 굶 주린 자들이 줄행랑을 치기 시작하자, 여자의 심장이 다시 뛰기 시작했다. '대체 무슨 일이 일어나고 있는 거지?' 마침내 예수께서 손을 털고 일어나셨을 때, 주변은 텅 비어 있었다. 그분은 선 채로 여자에게 말씀하셨다.

"여자여 너를 고발하던 그들이 어디 있느냐 너를 정죄한 자가 없느 냐…나도 너를 정죄하지 아니하노니 가서 다시는 죄를 범하지 말라" (요 8:10, 11).

서늘한 권위와 따뜻한 자비가 뒤섞인 음성이었다. 수치심과 두 려움으로 신음소리조차 제대로 내지 못했던 여자는 비로소 목 놓아 울었다.

#2

　때때로 성난 고발자가 되고 싶을 때가 있다. 현장에서 잘못하여 붙잡힌 자녀들은 주요 먹잇감이다. 원리와 원칙에 따라 그들을 판단하고 정죄한 뒤, 그에 합당한 형벌을 가하고 싶어서 나는 어쩔 줄을 모른다. 그래서 결국 기어이 혹독한 말로 아이들을 곤욕스럽게 한다.

　고발자의 심장은 높은 데 있다. 높은 데서 판단하며 내려다보기 때문에 심장이 자꾸만 굳어진다. 그러므로 냉정한 고발자가 아니라 따뜻한 엄마가 되기 위해서는 무엇보다 아이들과 심장의 높이를 맞출 일이다. 이를 위해서는 몸을 낮추는 동시에 아이처럼 즐겁게 놀 줄 알아야 한다. 그래야 주님처럼 권위가 있으면서도 동시에 자비로운 훈계를 할 수 있을 것이다.

원래 사랑이라는 세계 안에서 나와 타인의 구분은 없었다.
그러나 원죄가 발생한 다음에는 나 아닌 인간이 더 이상
사랑 안에 우선적으로 포용되지 않았다. 그래서 타인이 생겨났다.
　　　　　　　　　－ 막스 피카르트의 「인간과 말」(봄날의책, 2013) 중에서

***

심장의 높이를 맞추는 일은 사랑하는 일과 다르지 않다.
간음하다가 현장에서 잡힌 여자와
심장의 높이를 맞추신 예수님은
처음부터 그녀를 사랑하셨던 것이다.
그래서 정죄가 아니라 용서를 선포하셨던 것이다.

그분의 제자로서 나 역시 심장의 높이를 맞추는 일에
주저함이 없어야 한다. 심장이 굳어지지 않도록,
그래서 사랑하지 못하는 일이 없도록,
그래서 생명을 잃어버리는 일이 없도록
매일 몸을 낮추고 즐겁게 놀 줄 알기를
간절히 소망하게 되는 날들이다.

09

정명(正名)
붙이기

로고스 씨와 연애하기

"요셉은 용모가 빼어나고 아름다웠더라"(창 39:6).

주인마님이 꽃미남 요셉에게 눈독을 들였다.
은근히 추파를 던지는 것은 물론이고,
과감하게 동침을 요구하기까지 했다.
주인인 그녀는 자기 욕정을 채우도록
힘없는 히브리 종을 굴복시키려 했던 것이다.
그러나 요셉은 끝까지 저항했다.

"주인이 아무것도 내게 금하지 아니하였어도
금한 것은 당신뿐이니 당신은 그의 아내임이라
그런즉 내가 어찌 이 큰 악을 행하여
하나님께 죄를 지으리이까"(창 39:9).

요셉은 주인마님과의 동침에 '큰 악'이라는 명찰을 달았다.
그래서 그녀의 요구를 단호히 거절했다.
그 결과 그는 죄수 신세가 되고 말았다.
그렇다면 요셉이 이름을 잘못 붙였단 말인가?

"요셉이 옥에 갇혔으나 여호와께서 요셉과 함께하시고
그에게 인자를 더하사"(창 39:20-21).

요셉은 틀리지 않았다.
비록 감옥에 갇히긴 했어도
그가 붙인 이름은 틀림이 없었다.
그래서 의로우신 여호와께서 그와 함께하셨고,
그에게 인자를 더하셨던 것이다.

정명(正名),
즉 바른 이름을 붙이는 것은 아무나 할 수 있는 일이 아니다.
만물의 근원과 이치를
바르게 아는 자만이 정명을 붙일 수 있다.
그런 점에서 성경은 그리스도인들에게 정명을 가르쳐 주는
최고의 책이라고 할 수 있다.

요 근래 나는 조급함이 일으키는 분노를
성령 안에서 처리하길 게을리했다.
분노가 차오르다 못해 새기 시작하자,
이슈 메이커에 대한 비난 기사와 욕설이 난무하는
댓글들을 찾아 읽기 시작했다.
이런 모습이 한심스러우셨는지
그분은 내게 하나의 이미지를 배달시켜 주셨다.

그것은 쓰레기통을 뒤지고 있는 개의 모습이었다.
'인터넷 웹서핑'이라는 그럴듯한 이름 아래서 행했던
나의 행동은 정확히 더러운 쓰레기통을 뒤지는 개의 것이었다.
결국, 나는 사람들이 '인터넷 웹서핑'이라고 부르는 일에
'쓰레기통 뒤지기'라는 새로운 명찰을 달아 줄 수밖에 없었다.

'쓰레기통 뒤지기'라는 이름을 붙이고 나자,
나는 개에서 다시 그분의 자녀로 변신했다.
조급함과 분노를 임마누엘께로 가져갔던 것이다.
그분이 내게 당신의 인자를 더해 주셨음은 물론이다.
그분의 평안함 중에 나는 불편한 생각으로 골똘해졌다.
그분과 그분의 법을 잘 알지 못해서 잘못 이름 붙인 일들이
내겐 얼마나 많을까?

10
호크마 양에게
교습받기

드라이빙을 즐기는 사람이 나는 부럽다. 내게 운전은 당뇨 검진을 받기 위해서 병원에 가는 것과 같기 때문이다. 꼭 필요하지만 몹시 꺼려지는 일. 그래서 라이드 프리(ride-free) 기간인 아이들 방학이 나는 좋다. 합법적으로(?) 운전대를 잡지 않아도 되는 면책특권(免責特權)을 받는 기분이랄까? 하지만 면책의 즐거움은 잠시뿐이다. 물색 모르는 시간이 결국 학교의 문을 활짝 열고는 나로 다시 액셀러레이터와 브레이크를 번갈아 밟게 한다.

"안 한지 오래되었는데, 운전할 수 있겠어?"

걱정스런 남편의 말에 나는 능청을 떤다.

"운전은 기술이잖아. 자전거 타는 것처럼 안 한지 오래되었어도 금세 다시 할 수 있다고."

기술은 지식과 함께 연습과 훈련을 통해서만 알 수 있다. 경험을 통해 몸과 마음으로 알아 간다는 점에서 기술을 배우는 일은 사람을 사귀는 것과 크게 다르지 않다. 사람이나 기술이나 상대를 존중하면서 관계할 때에만 비로소 익숙해진다. 삶의 기술인 지혜도 마찬가지다. 호크마(חָכְמָה, 지혜) 양을 얻기 위해서, 그래서 그녀와 하나가 되기 위해서는 끊임없는 관계가 매우 필수다.

그런데 문제가 있다. 호크마 양이 쉬운 여자가 아니라는 것이다. 물론, 길거리나 도로, 음식점이나 쇼핑몰(잠 1:20-21) 등을 자유로이 돌아다니는 탓에 그녀를 만날 기회는 얼마든지 많다. 그러나 그럼에도 불구하고 그녀를 개인적으로 만나는 일은 극히 어렵다. 만남의 주도권이 호크마 양에게 있기 때문이다.

"누구든지 내게 들으며 날마다 내 문 곁에서 기다리며 문설주 옆에서 기다리는 자는 복이 있나니"(잠 8:34).

나는 그녀를 찾아 나설 수 있다. 그녀의 집 앞을 서성거리며 하염없이 기다릴 수도 있다. 머리카락 하나 보여 주지 않는 그녀가 야속하여 창문에 돌멩이를 던질 수도 있다. 그러나 그녀가 허락하지 않는다면, 나는 그녀를 절대로 만날 수 없다. 게다가 다른 문제도 있다.

"내 아들아 여호와의 징계를 경히 여기지 말라 그 꾸지람을 싫어하지 말라"(잠 3:11).

어렵사리 호크마 양과의 만남이 성사되었다 할지라도, 그녀의 입에서 나오는 말은 책망과 교훈뿐이다. 듣기 좋은 말도 한두 번이면 물리기 마련인데, 32비트로 쏟아져 나오는 징계와 꾸지람을 듣는 일은 여간 힘든 일이 아니다. 만나는 것도 어렵고, 교제하는 것도 고역이라면 과연 누가 호크마 양과 사귈 수 있단 말인가?

✳ ✳ ✳

지혜에 이르는 유일한 길이 있다. 경외다. 당신이 경외의 감각을 잃어버리는 때, 헛된 자만심이 우러러보는 능력을 위축시킬 때, 우주는 당신 앞에서 하나의 장터가 되고 만다. 경외의 사실이야말로 꿰뚫어 보는 것을 가로막는 큰 장애물이다…지혜는 영민함에서 오는 것이 아니라 경외에서 온다. 그것은 치밀하게 계산하는 순간이 아니라 실제의 신비와 교감하는 순간에 생겨난다. 가장 위대한 통찰은 경외의 순간에 이루어진다.

– 아브라함 요수아 헤셸의 「사람을 찾는 하느님」(한국기독교연구소, 2007) 중에서

호크마 양이 누구신가? 하나님의 딸이 아니신가! 그녀는 아버지의 창조 비전을 구체적으로 형상화시킨 장본인이다. 하늘을 짓고, 궁창을 해면에 두르고, 바다의 한계를 정하고, 땅을 세우고, 산과 언덕과 샘 등 온갖 창조물을 눈에 보이고 손에 잡히는 것으로 만든 장인(匠人)이요, 기술자다. 그런 그녀를 만나서 사귀기 위해서, 그래서 세상을 살아가는 삶의 기술을 교습받기 위해서는 반드시 경외심을 가져야 한다. 그것만이 호크마 양을 알 수 있는 유일한 방법이다.

"지혜가 그의 집을 짓고 일곱 기둥을 다듬고 짐승을 잡으며 포도주를 혼합하여 상을 갖추고 자기의 여종을 보내어 성중 높은 곳에서 불러 이르기를 어리석은 자는 이리로 돌이키라 또 지혜 없는 자에게 이르기를 너는 와서 내 식물을 먹으며 내 혼합한 포도주를 마시고 어리석음을 버리고 생명을 얻으라 명철의 길을 행하라 하느니라"(잠 9:1-6).

호크마 양이 잔치 초대장을 보낸다. 어리석고 지혜 없는 자들이 모두 그것을 받는다. 그러나 초대장을 받은 모든 자들이 잔치에 참여하는 것은 아니다. 스스로 미련하다 생각하는 자만이 초대에 응할 뿐이다.

나는 잔칫집에 가기 위해 길을 떠난다. 내 손은 빈손이 아니다. 호크마 양에 대한 경외심이 들려 있다. 그것은 경외하는 대상에게 더 가까이 다가가게 한다는 점에서 일반적인 두려움과는 다르다. 날이 어두워진다. 저 멀리 음녀의 집에 불이 환하다. 그곳으로 인도하는 골목 모퉁이에도 홍등이 피었다(잠 7:7–9). '너는 절대로 음녀의 유혹을 이길 수 없다'는 지식이 불현듯 도착한다. 경외심을 꼭 붙든 채, 나는 그곳을 피해 멀리 돌아간다.

이윽고 어리석은 자가 지혜의 집에 도착한다. 잔치는 이미 사랑과 기쁨으로 가득하다. 주인집 여종이 내온 음식을 먹고 마시자 여독이 조금씩 풀린다. '지혜로 향하는 길이 곧 지혜의 길'이라는 연회의 노랫소리가 귀를 깨끗이 닦아 낸다. 그때부터 시작된 호크마 양의 교습은 지칠 줄을 모른다. 귀가 코끼리만큼 커진다. 교습을 따라 나는 점점 호크마 양을 닮아 간다. 어느새 나는 하나님의 딸이 되어 간다.

"여호와를 경외함이 지혜의 근본이라 그의 계명을 지키는 자는 다 훌륭한 지각을 가진 자이니 여호와를 찬양함이 영원히 계속되리로다" (시 111:10).

11

솔로몬의
잔소리

어린 나는 엄마의 손에 빗자루가 들려 있을 때마다 긴장감을 느꼈다. 얌전히 방을 쓸던 빗자루가 느닷없이 매로 변신했던 까닭이었다. 엄마의 입에서 소나기 같은 잔소리가 쏟아지면, 매로 변신한 빗자루는 이미 출동 준비를 마친 셈이었다.

"게을러터진 걸 어따 써? 사람이면 좀 치우고 살아야지!"

여러 차례 욱신거리는 엉덩이를 비빈 후에야, 나는 비로소 빗자루가 잔소리라는 조건을 만나면 매로 둔갑한다는 사실을 깨달았다. 문제는 조건부인 잔소리가 언제 쏟아질지 모른다는 것이었다. 그러다 빗자루를 든 엄마를 보면 냉큼 밖으로 줄행랑을 치는 것이 상책이라는 결론을 내렸다.

그 후로 몇십 년이 흐른 지금, 나도 엄마가 되었다. 내 손에도 자주 빗자루가 들려 있음은 물론이다. 그러나 그것이 매로 변신한 일은 단 한 번도 없었다. 산은 산이요, 물은 물이요, 빗자루는 빗자루일 뿐이었다.

로고스 씨와 연애하기

바닥을 쓸면서 나는 가끔씩 그때의 일을 떠올리며 피식 웃는다.

"그때, 그 게을러터진 애는 어디로 갔을까?"

잠언의 언어는 시편의 언어와는 사뭇 다르다. 월터 부르그만의 말대로 대부분의 시편은 혼란과 적응의 경험을 통해 생긴 것임으로 그것의 언어는 귀에 거슬리고, 혁명적이며, 위험하다.

그러나 잠언은 잘 정착한 상태(솔로몬 시대)에서 나왔다. 그러니 언어 역시 합리적이고, 조화를 이루며, 균형이 잡혀 있다. 내게 잠언이 종종 잔소리처럼 느껴지는 것은 아마도 이 때문일 것이다.

"너는 귀를 기울여 지혜 있는 자의 말씀을 들으며 내 지식에 마음을 둘지어다"(잠 22:17).

잔소리는 평온한 날들 속에서 자란다. 꾸짖고, 훈계하고, 참견하는 엄마의 자잘한 말들은 거의 대부분 옳다. 잘 듣기만 하면 피가 되고 살이 되는 양식이다. 그러나 잔소리를 귀담아 듣기는 퍽 어렵다. 그러니 솔로몬이 '지혜'를 강조하고 또 강조했던 것은 마땅하다. 지혜는 잔소리(?!)도 귀담아 들을 수 있는 능력이기 때문이다.

"네 마음으로 죄인의 형통을 부러워하지 말고 항상 여호와를 경외하라 정녕히 네 장래가 있겠고 네 소망이 끊어지지 아니하리라"(잠 23:17-18).

자잘한 말들의 향연인 잠언. 어떤 잔소리들은 상당히 자주 반복되는 탓에, 지루하게 느껴지기도 한다. 재밌는 것은 바로 그런 지겨움이 감사를 유발한다는 점이다. 솔로몬의 잔소리를 듣고 있으면 마치 그 옛날 엄마의 잔소리를 듣고 있는 것 같은 느낌이 든다.

비록 되풀이되는 말들의 신선도는 상당히 떨어지지만, 익숙한 말에서 편안함과 포근함이 느껴지는 것도 사실이다. 나이가 들어 잔소리를 들을 기회가 별로 없고 보니, 내게 솔로몬의 잔소리는 그 자체로 감사의 이유가 된다.

"내 아들아 너는 듣고 지혜를 얻어 네 마음을 바른 길로 인도할지니라"(잠 23:19).

나는 잔소리가 없는 편이다. 그러나 나이와 함께 꾸준한 상승세를 보이고 있는 노파심 덕분에 때때로 입속에 잔소리가 고여들 때가 더러 있다. 내 희귀한 잔소리 수혜자는 대부분 아들이다. 잔소리 끝에 그의 볼멘소리가 그림자처럼 붙기 시작하면, 입을 다물 때다. 잔소리에도 지혜가 필요한 법이다.

애정은 잔소리를 꽃 피우고, 지혜는 잔소리가 떨어진 자리에 열매를 맺게 한다. 부지런히 주변을 정리하는 나를 한발 떨어진 곳에서 지켜본다. 그러고 보니, 나는 엄마 잔소리의 열매로구나!

12

거룩한 밥 짓기

계량컵은 정확하다.

무엇이든 은근히 고봉으로 담길라치면

볼록한 잉여분을 반드시 덜어 내고야 만다.

벌써 받았어야 하는 비자를 몇 달째 냉가슴으로 기다리고 있는

나로선 확실한 그가 후련하지 않을 수 없다.

이민국을 담아 흔들고 싶은 마음으로 계량컵에 쌀을 담아 흔든다.

깍듯한 한 컵이 되면 쌀을 양푼에 쏟는다.

한 번, 두 번, 세 번, 네 번. 계량을 마친 뒤,

밥이 될 기회를 얻지 못해 애통해하는

쌀알들과 계량컵을 함께 둔다.

'다음 기회!'에 하며 달래는 그로 인하여

그들이 위로를 받을 것이다.

양푼에 손을 넣는다.

우간다 쌀 속에 섞여 있는 이물질을 찾아서

제거하려는 실용적 행동처럼 보이겠지만 꼭 그렇지만은 않다.

양푼에 물을 붓기 전에 하는 습관적인 동작일 뿐이다.

한 움큼 쥔 깡마른 쌀들이 손가락 사이를 매끄럽게 빠져나간다.

쌀들이 부딪히면서 만드는 바람으로 손마디가 꽤 시원하다.

그러나 마른 쌀이 주는 청량감은 곧 휴지(休止)된다.

끼어들기 좋아하는 자유연상 다발 때문이다.
그것의 지배를 받자마자 쌀을 만지작거리는 나는 사라지고,
파편적 심상들만 오롯이 난장질을 한다.
정신이 나서서 말리지 않는다면,
얼굴과 옷에 하얀 얼룩이 적잖이 생길 판이다.
쌀가루가 손에 잔뜩 묻어 있는 것이다.
얼른 손을 털고 있을 때,
전도서의 한 구절이 슬그머니 다가와 빈손을 잡는다.
"이것도 헛되어 바람을 잡는 것이로다."
허황된 상념들이 양푼에 희끗희끗 내려앉는다.
범사에 있는 기한과 천하만사에 있는 때를 따라
손장난을 끝내야 할 때다.

케냐 형제들처럼 홀쭉하고 긴 쌀 알갱이들 사이에서
깨진 쌀들이 심심찮게 보인다.
쪼개진 쌀을 만져 본다. 탐탁하지 않다.
흠이 없이 동그란 한국 쌀이 눈에 밟힌다.
그래도 이번 쌀에는 검불이나 돌이 거의 없어서 다행이라며
수도 밸브를 돌린다. 참았던 물이 쏟아진다.
놀란 쌀들이 잔뜩 움츠러든다.

로고스 씨와 연애하기

낱알을 고집하던 것들이 한데 모여 덩이지기 시작한다.
젖은 쌀들을 손 안에 넣고 주먹을 쥐자,
벌써 밥이나 된 듯 제법 주먹밥 흉내를 낸다.
양푼은 물의 응집력으로 충만하다.
그 안에서 쌀은 변하지 않을 수 없다.
물로 쌀을 씻는다. 아니, 물로 쌀을 씻긴다.
녀석을 비빌 때마다 뽀얀 물이 허물처럼 떠오른다.
양푼은 수차례 물을 끌어안고 밀어내기를 반복하다가
어느새 말간 물 일색이 된다.

세례가 출현하는 것은 바로 이 시점이다.
본인의 죄가 씻겼음을 회중들 앞에서
공식적으로 드러내는 한 차례의 의식인 세례는
동시에 매일 쌀을 씻듯이 생활 속에서
반복해야 하는 것이기도 하다.
왜냐하면 비록 죄 씻음이 공식적으로 인정되었다고 해도,
인간이란 밥을 먹듯이 죄를 짓지 않고는
살 수 없는 존재이기 때문이다.
얼굴과 몸을 씻을 때마다 나는 세례를 받는다.
씻는 행위가 나의 정체성,

즉 내가 죄인이 아니라 어린 양의 정결한 신부임을
오롯이 해 주기 때문이다.
설거지를 할 때도 마찬가지다.
더러워진 그릇들을 닦을 때마다
나는 하나님 나라에 없는 것들 중 하나가
일회용품이라는 사실에 놀란다.
그리스도는 더러워졌다고 냉큼 버리시는 분이 아니다.
그분은 천 번이든, 만 번이든 거듭 깨끗이 닦아
새 것으로 창조하시는 분이다.
그러므로 더러워졌다고 자신을 혐오할 이유가 더 이상은 없다.
이런 사실은 나의 삶을 아들 하진 군의 발놀림처럼
가볍고 경쾌하게 한다.

씻긴 쌀들이 목욕탕에서 방금 나온 아이의 손바닥처럼 불어 있다.
압력 밥솥으로 자리를 옮긴 뒤, 물을 부은 후,
뚜껑을 닫아 불을 붙인다. 한동안 분주했던 불의 강한 손놀림이
뜸 들일 때가 되자 한풀 꺾인다.
구수한 냄새가 부엌 밖으로 넘친다.
어쩌면 그리스도인의 향기는 고급 브랜드의 향수 냄새가 아니라
초라한 부엌에서 지어내는 밥 냄새일지 모른다.

로고스 씨와 연애하기

죄인들에게

자기 몸과 피로 만든 떡과 잔을 베푸셨던 그리스도처럼

허기진 자들에게

자신을 양식으로 내어 주는 자들이 그리스도인들이기 때문이다.

(구약의 하나님이 즐기시던 향기도 향신료를 더한 고기 굽는 냄새, 그러니

까 음식 냄새였지 않은가!)

그러나 잘 지은 밥이 되는 것은 몹시 쉽지 않다.

씻김, 불의 연단, 뜸 들이기, 어느 것 하나 쉬운 과정이 없고,

어느 것 하나 건너뛸 수 있는 수순이 없기 때문이다.

그래도 다행인 것은 생명에 관한한 그리스도께서

포기를 모르신다는 것이다. 그렇기에 나는 꿈꾼다.

어느 날 내 몸에서 밥 냄새가 나기를.

궁핍한 누군가에게 구수한 생명의 양식이 되기를.

불을 끄고 압력 밥솥의 김이 빠지길 기다린다.

우리 네 식구가 먹을 밥이 익어 간다.

하루치의 양식이 준비되어 간다.

그렇게 우리는 따뜻한 밥을 먹으며,

배고픈 누군가의 생명의 양식이 되어 간다.

3

제이슨네 사람들

01
겸손한 자와
함께하기

오전 11시. 아침 식사 후 복용한 혈당 강하약으로 인하여 혈당
이 급락하는 시간. 책상 한 구석에 상비되어 있는 사탕병 속에 손
을 넣는다. 그동안 농땡이를 부리던 혀가 갑자기 분주해진다. 머
지않아 혀의 구애를 견디다 못한 사탕이 종잇장처럼 얇아지더니
이내 산산이 부서진다.

단맛을 놓치고 싶지 않은 엉큼한 혀가 파편들을 모으기에 정신
이 없다. 그러나 영원할 수 없는 달콤함은 달달한 기운만 남긴 채
흔적도 없이 사라진다. 마침표 같은 입맛을 다시면서 고민이 시작
된다. 하나 더 먹을까?

간혹 내 자신이 사탕처럼 느껴질 때가 있다. 시간의 혀 위에 놓
인 나는 그것의 분주한 놀림 속에서 조금씩 닳아간다. 왜소해져
가는 존재감이 기분 좋을 리 없다. 한창 크고 있는 아이들을 우두
커니 바라본다. 그들은 세상의 중심에 서 있다. 매일 그들에게 일
어나는 일들은 모조리 역사적인 사건이다.

시험 성적, 교우 관계, 교실에서 있었던 에피소드는 세상을 뒤흔드는 지진이 되기도 하고, 천국에 입성하도록 날개를 달아 주기도 한다. 그들은 소인국에 표류한 걸리버처럼 거대하고 위대한 주인공들이다. 그런 그들을 바라보면서 나는 한심한 말만 되풀이한다.

"나도 너희들만한 때가 있었지!"

나이가 들수록 세상은 넓어진다. 그리고 꼭 그만큼 존재감은 사소해져 간다. 주인공에서 조연으로, 조연에서 엑스트라로의 역할 이동은 어김없이 진행된다. 갈수록 더해져 가는 한계와 무섭게 곱해져 가는 무능으로 존재는 누추해진다. 그러나 나의 세상은 아이들의 것과는 비교할 수 없을 만큼 크다. 역시나 삶은 아이러니하다.

얼마 전에, 기어이 한 살을 더 먹고 말았다. 한 발 더 보잘 것 없는 자리로 밀려나게 된 것이다. 그런 내게 그분은 말없이 선물 하나를 주셨다. 그것은 자유였다.
늘어가는 한계와 무능이 자유를 더한다는 사실에 피식 웃음이 났다. 존재의 누추함을 받아들이자 그동안 자기 과신(過信)이 스스로에게 부과했던 과중한 일들로부터 해방되었다. 그것들은 내가 하지 않아도 되고, 더욱이 내가 할 수도 없는 것이라는 인정이 자유를 누리게 했던 것이다.

자신의 한계와 무능을 인정하는 것은 겸손이다. 겸손이 갈수록 커져 가는 세상 속에서 심심찮게 늘어가는 자신의 한계를 목도하고 인정하는 일이라면, 나이를 먹는 것은 그렇게 부끄러운 일만은 아니다.

　"교만은 패망의 선봉이요 거만한 마음은 넘어짐의 앞잡이니라 겸손한 자와 함께하여 마음을 낮추는 것이 교만한 자와 함께하여 탈취물을 나누는 것보다 나으니라"(잠 16:18-19).

　겸손을 갈망하지만 좀처럼 겸손할 수 없는 우리(!)는 매주 모인다. 우리의 손에 들린 것은 자랑할 만한 탈취물이 아니다. 누추한 실존, 무능한 실패, 깨지고 상한 마음이 들려 있을 뿐이다. 그래서 민망한 것은 사실이나, 우리 자신에게는 소망이 없음을 알기에 우리는 서로를 보듬는다. 그리고 함께 위를 올려다본다.

　서로를 독려하면서 가난한 마음으로 그분을 바라본다. 하찮은 우리의 인생에 자유와 해방을 덧입히실 그분을 기대한다. 그분의 선하심과 자비하심을 굳게 믿으면서.

02

매 끼니

#1

　마음속에 진경산수화 한 점이 걸려 있다. 볼 때마다 변하는 요상한 그림이다. 산천과 바위의 항상성에도 불구하고 그것은 매번 달라진다. 출몰하는 짐승들이 바뀌는 탓이다. 일전에 뱅갈 호랑이가 포효하며 배경을 드잡이 놓았던 적이 있었는데, 승냥이 떼의 출현으로 곧 행방이 묘연해졌다. 산을 짓밟고 물을 더럽히던 승냥이 떼도 길게 머물지는 않았다.

그림은 한동안 텅 빈 채 방치되었다. 그 사이 특유의 자생력으로 산수는 예전의 모습을 회복하기도 했다. 그러나 그것은 다시 평범한 배경으로 밀려났다. 일군의 하이에나가 들이닥친 것이다. 배고픈 하이에나들은 닥치는 대로 산천을 헤집었다. 등장하는 것들에 의해서 밀려나고 당하는 것, 배경이 된다는 것은 그런 것이다.

금수의 발자국이 어지럽게 찍힌 진경산수화를 보는 것이 괴롭다. 침통한 표정은 마음이 무엇인가의 배경이 되어 유린당했던 것을 깨닫는 흔적이다. 그래도 다행이다. 짐승들이 단 한 번도 침범하지 않았던 마음 한 칸이 존재하고 있으니. 높다란 돌탑들이 우후죽순 세워져 있는 곳에 눈길이 머문다. 조건반사로 입꼬리가 슬며시 올라간다. 흡족함이 얼굴 전체에 번진다.

바로 그때 개코(케냐에 흔한 작은 도마뱀) 녀석이 토르르 돌탑으로 달려가는 모습이 보인다. 돌탑이 밑둥치부터 꼭대기까지 흔들리기 시작한다. 올라갔던 입꼬리가 푹 꺼진다. 야단났다!

#2

"형제들아 나는 내가 아직 잡은 줄로 여기지 아니하고 오직 한 일 즉 뒤에 있는 것은 잊어버리고 앞에 있는 것을 잡으려고 푯대를 향하여 그리스도 예수 안에서 하나님이 위에서 부르신 부름의 상을 위하여 달려가노라"(빌 3:13-14).

드라마보다 더 드라마틱해서 유명해진 회심 사건의 주인공, 선교사의 시조, 신학과 목회 두 마리 토끼를 싹쓸이한 능력자, 열정의 화신, 교회 개척의 달인, 신학과 철학 논쟁에서의 황금의 입⋯. 쌓고자 한다면 끝도 없을 돌탑의 소유주는 사도 바울이다.

화려한 이력과 스팩의 소유자였던 그는 말했다. 지금까지의 모든 업적과 성취는 잊어버리고 다만 예수 그리스도 안에서 하나님을 향해 달려가는 중이라고. 화려한 돌탑 같은 것은 개코나 가지라고 던져 버리고, 자신은 그리스도 안에서 달려가길 멈추지 않겠다는 선언이었다. 그의 말을 반복하여 곱씹고 있었을 때, 의식의 가위질이 뜬금없는 대목을 장엄한 선언 뒤에 붙였다.

로고스 씨와 연애하기

끼니는 어김없이 돌아왔다. 지나간 모든 끼니는 닥쳐올 단 한 끼니 앞에서 무효였다. 먹은 끼니나 먹지 못한 끼니나, 지나간 끼니는 닥쳐올 끼니를 해결할 수 없었다.

– 김훈의 「칼의 노래」(문학동네, 2012) 중에서

위대한 선언과 소설의 한 대목이 편집되자, 다음과 같은 메시지가 재생되었다. '지금까지 하나님을 향해 달려왔던 모든 발걸음은 오늘 그분을 향해 떼는 한 걸음 앞에서 아무 힘도 발휘하지 못한다. 지금의 한 발을 천국이 아닌 지옥을 향하여 내딛는다면 나는 하나님이 아닌 우상을 향해 가는 것이다.' 가혹하다는 생각이 들기도 했지만, 그래서 경각심이 바짝 드는 것은 사실이었다.

#3

내게 말씀 묵상 모임은 끼니다. 말씀으로 지은 영혼의 양식을 먹는다는 점에서도 그렇고, 때 맞춰 꾸역꾸역 찾아온다는 점에서도 그렇다. 게다가 맛있게 먹을 때도 있지만, 하는 수 없이 때워야 할 때가 보통이라는 점에서는 더욱 그렇다.

끼니 앞에서 나는 가끔씩 흔들렸다. 먹기 싫어서, 혹은 건너뛰고 싶어서 몸살을 했다. 제멋대로 출몰하는 수많은 짐승들에도 불구하고 지난 십 년 동안 쌓아 왔던 돌탑들(경력)이면 충분하지 않느냐는 합리화를 가동시키고 싶어 안달을 했다. 그러자 소설가의 입이 야박스러워졌다. '지난 십 년 동안 해 왔던 모든 모임은 이번 주 모임 앞에서 무효야!' 곁에 있던 사도 바울도 거들었다.

"내가 달려갈 길과 주 예수께 받은 사명 곧 하나님의 은혜의 복음을 증언하는 일을 마치려 함에는 나의 생명조차 조금도 귀한 것으로 여기지 아니하노라"(행 20:24).

때리는 시어머니와 말리는 시누이 등살에 나는 매 끼니를 해결한다. 그리고 이제 막 지나간 끼니와 앞으로 닥쳐올 끼니 사이에서 마음속 진경산수화를 본다. 문득 저만치에 있던 유실수가 눈에 들어온다. 꽃이 떨어진 자리에 어느새 손톱만한 열매가 맺혀 있다.

"오직 성령의 열매는 사랑과 희락과 화평과 오래 참음과 자비와 양선과 충성과 온유와 절제니 이 같은 것을 금지할 법이 없느니라"(갈 5:22-23).

03

축제의
리허설

로고스 씨와 연애하기

"다섯 개 밖에 없어요. 보리떡 말이에요. 두 마리 밖에 없어요. 물고기 말이에요. 요까짓 것 가지고 무얼 해요? 너무 많이 모자라잖아요! 능력 많으신 우리 예수님…."

소리 높여 찬송을 부르며 예수님의 놀라운 기적을 함께 즐거워했던 아이들의 눈망울이 문득 그리운 날이다. 주일학교 사역자였던 나는 십수 년 동안 오병이어(五餅二魚) 본문을 가지고 숱하게 설교했었다. 그것은 예수님이 어떤 분이신가를 가르칠 때면 빠짐없이 등장했던 이야기였고, 나와 아이들은 그것을 통해 그분을 하나님의 아들로 고백했었다. 이제는 싱그러운 청춘일 그들이 계속해서 그분과 더 깊이 교제하기를 퇴역한 목자는 소망해 본다.

"마침 유대인의 명절인 유월절이 가까운지라"(요 6:4).

오병이어 이야기를 시작하기 전, 요한은 그때가 유월절 즈음이었다고 특별히 보도하고 있다. 유월절은 어린 양의 피로 죽음이 넘어갔음을, 그래서 새로운 삶이 시작되었다는 것을 경축하는 축제다.

이와 같은 유월절 전에 일어난 사건이 오병이어 기적이다. 이것은 예수께서 죽음을 끊어 버리시고 마침내 새 생명을 세상에 풀어 놓으실 하나님의 아들이자 어린 양이심을 드러내기 위해 의도적으로 행하신 것이었다. 그런 점에서 오병이어는 유월절 축제의 리허설이라고 할 수 있다. 그런데 축제의 리허설이 실패하고 말았다. 주님의 원래의 의도를 파악하지 못한 사람들에 의해서 리허설이 변질되어 버렸던 것이다!

오병이어 기적을 경험했던 사람들은 예수님 찾기에 혈안이 되어 있었다. 이유는 간단했다. 떡 맛을 본, 눈이 뒤집힌 자들이 계속해서 떡의 기적을 행하시도록 예수님을 강제로 왕으로 삼으려 했던 것이다. 제멋대로 기적을 해석하는 독자반응이론의 폐해는 심각했다. 그래서 이를 보다 못한 오병이어의 저자이신 예수께서는 그것의 본래 의도를 가르쳐 주셨다.

"내가 진실로 진실로 너희에게 이르노니 너희가 나를 찾는 것은 표적을 본 까닭이 아니요 떡을 먹고 배부른 까닭이로다 썩을 양식을 위하여 일하지 말고 영생하도록 있는 양식을 위하여 하라 이 양식은 인자가 너희에게 주리니 인자는 아버지 하나님께서 인치신 자니라"(요 6:26-27).

오병이어 텍스트에서 그들은 떡만 보았다. 독자로서 떡에만 반응했던 이유는 그것이 자기 필요, 자기만족, 자기 유익과 맞닿아 있었기 때문이다.

"다섯 개 밖에 없어요.
보리떡 말이에요.
두 마리 밖에 없어요.
물고기 말이에요.
요까짓 것 가지고 무얼 해요?
너무 많이 모자라잖아요!
능력 많으신 우리 예수님….”

그러나 예수께서 오병이어 텍스트를 쓰신 이유는 표적(sign) 때문이었다. 자신이 하나님께서 보내신 인자임을 보이시기 위해서, 그리고 그들로 자신을 믿어 영원한 생명을 얻게 하시기 위해서 그것을 집필하셨던 것이다.

내게 유월절 축제의 리허설은 새벽마다 열린다. 그분이 쓰신 책이 열리고, 그날의 본문이 식탁 위에 차려지면 축제의 리허설은 시작된다. 그러나 독자반응이론에 상당히 매료되어 있는 탓에 종종 리허설을 망치곤 한다. 떡에만 정신이 팔려 저자가 의도한 표적을 놓치기 일쑤인 것이다. 표적을 볼 때도 있기는 하지만, 그럴 때조차도 떡을 아쉬워하며 입맛을 다신다. 그분만으로 만족할 능력이 턱없이 부족한 것이다.

다행인 것은 아직은 은혜의 때라는 것이다. 번번이 축제의 리허설이 실패하긴 하지만, 그래도 진짜 축제가 열리기 전까지 아직은 오늘이라는 기회가 남아 있다. 그래서 나는 오늘도 소망한다. '내게' 주시는 말씀이 없어서 억지로 붙들 말씀을 찾아 헤매는 대신, '말씀' 그 자체를 즐거워하게 되기를. 축제의 리허설을 성공적으로 마친 뒤, 기쁨으로 충만한 본격적인 축제에 참여하게 되기를. 그리고 말씀을 통해 겨우 형체만 볼 수 있는 희미한 신랑의 얼굴이 아니라 그분의 실제 얼굴을 대면하여 또렷이 보게 되기를.

"우리가 지금은 거울로 보는 것같이 희미하나 그 때에는 얼굴과 얼굴을 대하여 볼 것이요 지금은 내가 부분적으로 아나 그때에는 주께서 나를 아신 것같이 내가 온전히 알리라"(고전 13:12).

04

코헬렛의 안경

촘촘하게 누빈 안개 이불을 덮고 돌아누운 산중턱은 한치 앞도 보여 주지 않았다. 잠시 멈춰 서서 주변을 두리번거렸다. 여러 겹의 발소리가 급히 흐르는 물처럼 안개를 뚫고 발밑으로 흘러들 뿐이었다. 산 정상을 향하는 발길들은 잠시도 주춤거릴 겨를이 없어 보였다. 이 산에서 나고 자란 자들이 할 수 있는 일이 산 정상에 오르는 것뿐일까? 딱히 별 다른 것이 떠오르지 않자, 나는 퍽 서글퍼졌다. 오랫동안 받아 온 사회화 교육이 거만하게 비웃는 듯했다.

잠깐 머뭇거렸을 뿐인데도 꽤 많은 사람들이 스쳐 지나갔다. 나를 제치던 사람들의 얼굴엔 기괴한 미소가 일어났다 사라졌다. 더는 지체할 수가 없었다. 나는 발에 시동을 걸고 등정을 다시 시작했다. 걷기가 익숙해질 무렵, 뿌연 안개 속에 서 있는 한 남자가 눈에 들어왔다. 그는 지나쳐 가는 사람들에게 무언가를 열심히 나눠 주고 있었다. 걷기에 바쁜 대부분의 사람들은 그것을 외면했고, 간혹 건네받은 몇몇도 한두 걸음 후에는 슬그머니 그것을 유기해 버렸다. 그런 그가 안돼 보였다. 그래서 나는 그가 내민 잿빛 안경을 선뜻 받아들였다. 그는 자신을 '코헬렛'이라고 소개했다. 가까이서 보니 그는 지적이면서도 맘씨 좋은 노인처럼 보였고, 내게 준 안경과 똑같은 것을 쓰고 있었다. 잿빛 안경다리를 귀에 걸자 폭포수 같이 거대한 목소리가 등 뒤에서 쏟아져 내렸다.

"전도자가 이르되 헛되고 헛되며 헛되고 헛되니 모든 것이 헛되도다"
(전 1:2).

코헬렛의 안경을 쓰니 인간의 모든 행위에 '헛됨'이라는 로고(logo)가 새겨져 있는 것이 보였다. 포도밭을 가꾸고, 집을 짓고, 즐거움을 추구하고, 명예를 얻고, 권세를 거머쥐려는 인간의 행위는 헛된 일일 뿐이라고 코헬렛은 말했다. 안경을 쓴 채 정상을 향해 맹목적으로 오르는 이들을 보았다. 위험스럽게 보였다. 그들은 돈, 명예, 권세를 통해 자기 인생의 성공을 바벨탑처럼 건축하려 하고 있었다. 그들의 눈에는 그런 것들이 질병이나 죽음, 혹은 한 순간의 재난에 의해서 쉽게 깨진다는 사실이 보이지 않는 듯했다. 그래서 강박증 환자처럼 눈만 뜨면 정상을 향해 오르지 않고는 못 배기는 것처럼 보였다.

"He has made everything beautiful in its time"(전 3:11, NIV).

코헬렛의 안경은 이전에는 볼 수 없던 것들을 하나둘 보여 주었다. 인생 자체가 선물로 보였다. 목적뿐만 아니라 과정도 소중하게 보였고, 속히 사라지는 것은 그렇기 때문에 더욱 아름다워 보였다. 그래서 그것들을 놓치지 않고 즐거워하며 감사하는 일이 퍽 중요하게 느껴졌다. 나아가 환난과 고통마저도 그것을 재료로 선한 것을 창조할 수 있다는 것과 그렇게 하는 것이 창조주의 형상을 따라 지어진 인생의 마땅한 도리라는 것이 보였다.

"The ability to enjoy them"(전 5:19; 6:2, NIV).

로고스 씨와 연애하기

계속해서 코헬렛의 안경은 '누림'이 '그것들을 즐길 수 있는 능력'임을 보여 주었다. '그것들'이란 먹고 마시고 일하는 것에서 만족을 찾는 것이다. 흔한 말로 번역하자면 현재를 즐길 수 있는 능력이 누림인 것이다. 현재를 즐기는 연습과 훈련이 일상이 되어야 한다는 조언을 코헬렛은 잊지 않고 해 주었다.

"전도자가 이르되 헛되고 헛되도다 모든 것이 헛되도다"(전 12:8).

시간이 되자 코헬렛은 안경을 회수했다. 방법론적 허무주의 안경을 건네 주자, 그는 친절하게도 다시 산행을 시작하기 전에 반드시 기억해야 할 한 가지를 전해 주었다.

"하나님을 경외하고 그의 명령들을 지킬지어다 이것이 모든 사람의 본분이니라 하나님은 모든 행위와 모든 은밀한 일을 선악 간에 심판하시리라"(전 12:13-14).

산 중턱에서 아래를 내려다보니 오른 자리마다 실패와 수치가 난무했다. 부끄러워 고개를 들 수가 없었다. 그러자 코헬렛이 어깨를 두드리면서 아직은 헌신의 기회가 남아 있으니 다행이지 않느냐고 위로해 주었다. 그는 실적과 생산성과 효율성을 따지지 않으시는 그분을 경외하는 길에 필요한 것은 오직 헌신뿐이라고 말했다. 변변찮은 식재료에 성실함을 더해 밥상을 차리고, 반복되는 묵상에 성령을 더해 기도하고, 판에 박힌 일상에 눈물을 더해 시를 짓고, 늘 부대끼는 가족들과의 관계에 깊은 사랑을 더해 삼위일체 신학을 새롭게 하는 일에 계속해서 헌신하라고 격려해 주었다.

코헬렛을 뒤로 하고 걷기 시작할 무렵 안개가 슬그머니 꽁무니를 빼기 시작했다. 환하고 따뜻한 빛이 산 전체를 또렷하고도 부드럽게 조율하고 있었다. 사람들은 여전히 무심히 산을 오르고 있었지만, 산에는 등정하는 자들만 있는 것이 아니었다. 꽃, 풀, 이끼, 바위, 풀벌레, 산 다람쥐, 각종 새들이 한데 어우러져 산을 아름답게 채우고 있었다. 그들을 관찰하고, 그들과 함께 노느라 산행은 한층 가벼워질 것이었다.

05

랜드 카불
(The Land of Kabul)

#1

네 눈엔 금쪽, 내 눈엔 카불

꽃다운 스무 살 청년이 사십이 되었다.
뼈마디는 툭 불거져 나왔고,
피부는 탄력을 잃은 채 주름이 깊게 새겨졌다.
이십 년간 지속되었던 부역(賦役) 탓이었다.
떠나기 전, 그는 제 손으로 지은 여호와의 성전과
솔로몬의 왕궁을 바라보았다.
금 칠갑으로 번쩍거리는 성전과 값비싼 백향목 내음이
가득한 왕궁 앞에서 그는 초개일 뿐이었다.
사내들의 젊음과 목숨을 먹고 세워진 건물은
솔로몬 왕의 거대한 치세와 세련된 지혜를 시각화하고 있었다.
백성들의 공(功)은 모조리 솔로몬 왕의 차지였다.
임금을 모신다는 것은 그런 것이었다.
재주부리던 곰들은 청춘을 바쳐 모셨던 왕 서방을 뒤로한 채

발길을 돌렸다.

건축이 마무리되자, 결산이 시작되었다.

그동안 필요한 만큼의 건축 자재를 대어 주었던

두로 왕 히람에게 합당한 값을 지불해야 했다.

솔로몬은 갈릴리 땅의 성읍 스무 곳을 그에게 주었다.

히람은 대가로 받은 것을 둘러보았다.

싸구려 비지떡처럼 보였다.

그는 반문하지 않을 수 없었다.

"What kind of towns are these you have given me,

my brother?"(왕상 9:13, NIV).

일 년에 두 번씩 열리는 동네 벼룩시장에서

나는 종종 실소한다.

가격이 터무니없이 비싸기 때문이다.

파는 쪽 입장에서 본다면 손때와 추억이 묻어 있는 물건이니

헐값에 넘길 수는 없었을 것이다.

그러나 사는 쪽의 입장은 사뭇 달라서,

그것은 그저 낡은 물건일 뿐이다.

그러니 부르는 가격에 기가 차지 않을 수 없다.

아마도 솔로몬의 눈에는 갈릴리 성읍들이

금쪽같이 보였을 것이다.

하지만 히람에게는 하찮고 무가치할 뿐이었다.
그럼에도 불구하고 히람은 받아들였다.
그리고 스무 개의 성읍들을 한데 묶어서
'카불'(Kabul, 무가치한)이라는 이름을 붙였다.
히람에게 카불은 막대한 손해였다.
솔로몬과 절교할 구실로 충분했다.
그러나 그는 그러지 않았다.

"히람이 금 일백이십 달란트를 왕에게 보내었더라"(왕상 9:14).

오히려 히람은 솔로몬에게 또다시 금을 지원해 주었다.
이십 년 동안 진행되었던 건축 공사 때문에
어려워졌을 이스라엘 왕실 재정을 위해서였다.
도대체 두로 왕 히람은 왜 이렇게까지 했던 걸까?
되풀이하여 조공을 받치지 않으면 안될 만큼
약소했기 때문이었을까?
아니면 솔로몬의 열혈 팬이었던 걸까?
그것도 아니면 하나님이 세우신 왕을 끝까지 돕고자 했던
신앙 탓이었을까?

로고스 씨와 연애하기

#2
랜드 카불(the land of Kabul)에서

갑작스런 연락에 놀란 나는 햇수를 헤아려 보았다.
이 년만이었다.
그녀는 묵상 도중 내 생각이 나서 연락했다고 했다.
그녀의 묵상 속에서 그녀는 솔로몬이었고,
나는 두로 왕 히람이었다.
그녀는 그동안 나를 잊었던 것에 대해서 미안해하면서,
우리가 함께 했던 시간들을 그리워했다.
잠시 추억을 나눈 후, 우리는 다시 작별했다.
멀어져 가는 그녀 뒤에서 나는 혼잣말을 했다.

'누군가를 잊는 일이 미안한 일은 아니지요.
그러니 미안해하지 마십시오.
그래도 저는 그대를 잊어본 적이 없답니다.'

다윗을 사랑했던 히람이 솔로몬도 사랑한다.
하나님께서 그를 사랑하시기 때문이다.
솔로몬이 성전과 자기 왕궁을 짓기 위해 필요한 재료들을
히람에게 요구한다.
히람이 백향목과 잣나무와 금을 원하는 대로 제공한다.
솔로몬이 히람에게 대가랍시고 카불을 준다.

쓸모없고 무가치한 땅에서
히람이 한숨을 내쉬면서 하늘을 바라본다.
제대로 갚았다고 우쭐대는 솔로몬에게
문득 가여운 마음이 든다.
다시 히람이 엄청난 양의 금을 솔로몬에게 보낸다.
솔로몬이 금을 받고 좋아한다.
잠시지만 히람에게 고마워하기도 한다.
그러나 결국 그는 히람을 잊는다.
그래도 히람은 기억한다.
영원하신 하나님 때문에 끝까지 기억하기로 한다.

잎 지고 열매 떨구고 네가 겨울의 휴식에 잠길 때에도
나는 흙에 묻혀 가쁘게 숨을 쉬었다
봄이 오면 너는 다시 영광을 누리려니와
나는 잊어도 좋다
어둠처럼 까맣게 잊어도 좋다.

- 이현주의 시, 「뿌리가 나무에게」 중에서

06

혹부리 영감,
다윗

옛날 옛날 어느 마을에 '혹부리 영감'이라고 불리는 사람이 있었
다. 흉측하게 생긴 기다란 혹을 턱에 달고 있었던 탓에 사람들은
그를 놀리듯 혹부리 영감이라고 불렀던 것이다. 한평생 놀림을 당
했지만, 그는 노래를 부를 줄 아는 사람이었다.

어느 날, 믿을 수 없는 일이 생겼다. 도깨비 앞에서 노래를 불러야
했던 것이다. 그의 멋들어진 노랫소리에 매료된 도깨비는 비결을
물었다. 그는 턱에 붙은 혹이 사실은 노래 주머니라고 둘러댔다. 도
깨비는 혹을 떼어 갖는 조건으로 그에게 비싼 값을 지불했다.

우습게도 노년의 다윗을 상상할 때면 혹부리 영감이 떠오른다.
'혹'이라는 그들 간의 교집합 때문일 것이다. 혹부리 영감처럼 다
윗도 애물단지인 혹을 평생 달고 살아야 했다. 유진 피터슨은 다
윗의 혹에 대해서 다음과 같이 설명한다.

그는 전형적인 억세고 거친 사람이다. 그는 일단 죽이고 나서 나중에 생각한다. 또한 그는 소위 이상주의자(idealogue)다. 즉, 자신이 보기에 옳은 이상을 위해서라면 앞뒤 가리지 않는 사람이다. 이상주의는 실상 이런 태도다. "당신이 내 이상에 반대할 경우, 나는 이상을 위해 당신을 제거해 버릴 수 있소. 정당한 방법이건 비열한 방법이건 가리지 않고 말이오." 불같은 성미와 독단주의와 완력의 결합은 치명적 결과를 낳았다. 그에게 하나님은 자신의 폭력을 초월적으로 합리화시켜 주는 존재다…그러나 근본적으로 그는 다윗을 통해 이루어지는 하나님의 일에 대해서는 관심이 없었다. 그는 단지 다윗이 자기의 일에 얼마나 도움이 되는지에만 관심이 있었다. 종교는 자신의 야망을 가리는 가면일 뿐이었다. 그는 우리가 사랑 안에서, 공동체 안에서, 찬양하는 순종 안에서 순조롭고 느긋하게 사는 것을 너무도 어렵게 만드는 사람이다.

– 유진 피터슨의 「다윗: 현실에 뿌리박은 영성」(IVP, 2009) 중에서

열조(烈祖)에게로 돌아가기 전, 다윗은 솔로몬에게 유언을 남겼다. 그 중에는 평생 달고 살아야 했던 혹에 대한 처분도 들어 있었다. 다윗의 턱에 붙어 있던 혹은 스루야의 아들 요압이었다.

"스루야의 아들 요압이 내게 행한 일 곧 이스라엘 군대의 두 사령관 넬의 아들 아브넬과 예델의 아들 아마사에게 행한 일을 네가 알거니와 그가 그들을 죽여 태평 시대에 전쟁의 피를 흘리고 전쟁의 피를 자기의 허리에 띤 띠와 발에 신은 신에 묻혔으니 네 지혜대로 행하여 그의 백발이 평안히 스올에 내려가지 못하게 하라"(왕상 2:5-6).

다윗이 다스렸던 이스라엘은 이상적인 나라가 아니었다. 그곳은 지극히 현실적이었다. 유진 피터슨의 표현대로 그곳은 정치적으로 기회주의와 비열한 난투가 범람했고, 문화적으로 거짓말과 조작이 난무했으며, 종교적으로 폭력과 합리화가 들끓었다. 스루야의 아들 요압 같은 이들이 권세를 틀어쥐고 왕을 겁박하고, 백성을 압제하는 곳이 바로 이스라엘이었던 것이다.

아브넬과 아마사를 죽이는 것은 다윗의 뜻이 아니었다. 그런데도 요압은 그들을 죽였다. 개인적인 원수를 갚기 위해서, 그리고 군대 사령관이라는 자신의 자리를 지키기 위해서 그는 왕의 뜻을 가볍게 어겼다. 그리고도 그 모든 일이 사실은 왕을 위한 것이었다고 정당화시켰다.

다윗은 마음이 몹시 상했지만, 그렇다고 섣불리 그를 건드릴 수는 없었다. 그를 적으로 돌리는 순간, 이스라엘이 맞이할 파국을 짐작했기 때문이다. 그래서 더욱 다윗은 요압을 곁에 두었다. 자기 야망을 왕의 뜻인 양 위장하는 혹, 곧 요압을 평생 달고 살았다. 그러나 잊은 적은 없었다. 그 혹이 반드시 제거되어야 한다는 당위를 다윗은 평생 기억하면서 살았다.

제 손으로 뗄 수 없었기에 다윗은 아들 솔로몬에게 부탁했다. 혹을 반드시 떼어 내라는 유지(遺志)를 남겼다. 솔로몬은 아비의 유지를 성실하게 받들었다. 그래서 요압이 살기 위해서 제단 뿔을 잡았음에도 불구하고, 솔로몬은 기어이 그를 끌어내어 죽였다. 단칼에 혹이 떨어지자 땅이 죗값을 피로 흥건히 받아갔다. 그렇게 선왕을 한평생 괴롭혀 온 적이 사라졌고, 새로운 왕의 시대가 비로소 열렸다.

한국이나 미국에서는 볼 수 없는 도로 풍경이 케냐에서는 가끔 펼쳐진다. 도로를 점거한 소 떼와 자동차와 경주(?)하는 낙타가 그것이다. 이곳에서 낙타는 당나귀처럼 실제 운송 수단이다. 볼록한 두 개의 혹 위에 사람을 얹고 긴 다리로 느긋하게 걸어가는 낙타는 우아하면서도 애처롭게 느껴진다. 때로 나는 메타포 안에서 낙타가 되기도 한다. 등에 혹을 업고 오래도록 걷는 낙타. 나는 떼어 버릴 수 없는 혹을 달고 주인이 인도하는 대로 주어진 길을 걸어야 하는 낙타다. 혹을 떼어 내면 좀 더 쉽게 갈 수 있을 것 같은 데, 주인은 좀처럼 자비를 베풀지 않는다.

"영양소와 물을 저장해 두는 곳이 혹이란다. 오래 먹거나 마시지 않아도 견딜 수 있는 것은 바로 그 혹 때문이지. 그러니 힘들더라도 달고 가자." 곁에서 함께 걷고 있던 파커 J. 파머(Parker J. Palmer)가 주인을 거들며 말한다. "참된 공동체란 같이 살고 싶지 않은 사람이 늘 곁에 있는 곳으로 정의할 수 있지."

그러고 보니, 다윗이 권력을 손에 쥔 왕임에도 불구하고 끝까지 하나님께 순종했던 것은 '혹' 때문인지도 모르겠다. 끊임없이 괴롭히는 혹 때문에 마지막까지 겸손하게 그분의 말씀을 피난처로 삼았던 것이다.

혹부리 영감처럼 다윗도 노래를 할 줄 아는 사람이었다. 다윗이 떠난 자리에는 노래(시편)가 수두룩하게 남아 있다. 혹이 사실은 노래 주머니였다는 혹부리 영감의 말이 아주 거짓말은 아니었던 것이다.

07

에셀 나무
아래서

아브라함으로부터 에셀 나무 묘목을 분양받은 것은 일 년 전쯤이었다.

"아브라함은 브엘세바에 에셀 나무를 심고 거기서 영원하신 여호와의 이름을 불렀으며 그가 블레셋 사람의 땅에서 여러 날을 지냈더라" (창 21:33-34).

처음, 어린 묘목(묵상 나눔 모임)을 케냐의 붉은 땅에 심을 때는 걱정이 많았다. 토양이나 기후가 잘 맞을지, 해충이나 풍토병을 잘 견뎌 낼 수 있을지, 매주 살얼음판을 걷는 심정이었다. 그렇게 벌써 일 년이 넘었다. 다행히 에셀 나무는 죽지 않고 살아 있다. 그러나 이렇다 할 성장이 없는 것도 사실이다.

졸이던 애간장이 조금씩 심드렁해지면서 에셀 나무도 일상이 되어 버렸다. 마치 처음부터 그곳에 있었던 듯 붉은 흙먼지를 잔뜩 뒤집어쓴 에셀 나무는 어디에나 널려 있는 나무처럼 능청스럽게 굴었다. 그러다 그를 만났다. '에셀 나무' 아래 앉아 있던 그는 손에 단창을 들고 있었다.

"사울이 다윗과 그와 함께 있는 사람들이 나타났다 함을 들으니라 그때에 사울이 기브아 높은 곳에서 손에 단창을 들고 에셀 나무 아래에 앉았고 모든 신하들은 그의 곁에 섰더니"(삼상 22:6).

손에 단창을 든 사울은 다윗을 역모로 단죄했고, 그를 도왔던 놉 땅의 제사장들을 같은 역모죄로 몰아 몰살시키라는 명령을 내렸다. 이는 다윗에게도, 놉 땅의 제사장들에게도 억울한 누명이었다. 사울은 이 악을 에셀 나무, 곧 영생의 나무 아래서 행했다. 그의 조상 아브라함은 에셀 나무 아래서 여호와의 이름을 부르며 하나님을 예배했는데, 사울은 에셀 나무 아래서 자신의 왕위를 보존하기 위해서 제사장들을 죽임으로써 하나님과 원수가 되었던 것이다.

에셀 나무 아래 모이던 어느 날, 단창을 던지며 나무에 흠집을 내고 있던 내가 마침내 발견되었다. 마치 사울이나 되는 양 판단자가 되어서는 에셀 나무를 제멋대로 분석하고, 규정하고, 비판하면서 누명을 씌우고 있었던 것이다. 에셀 나무가 한 뼘도 자라지 않은 것은 어쩌면 당연한 일이었다. 아니, 아직 죽지 않고 살아 있다는 것만으로도 기적이었다.

몹시 부끄러웠던 나는 다부진 단창을 힘을 다해 부러뜨렸다. 손에 통증이 느껴졌다. 부러뜨리는 것보다 던지는 것이 쉬운 단창은 그렇게 내 손에서 하나둘 사라져 갔다. 나중에 알게 된 사실은 단창의 정체가 알묘조장(揠苗助長)이었다는 것이다. 에셀 나무를 빨리 자라게 하고 싶었던 어리석고 불경한 마음이 단창을 던지게 했던 것이다.

이번 주에도 에셀 나무에서는 수많은 언어들이 쏟아져 나왔다. 그것을 표적 삼아 단창을 던지고 싶은 마음이 솟구쳤다. 손목이 아프도록 단창을 부러뜨린 후에야 마음은 겨우 진정되었다. 그 후 에셀 나무를 찬찬히 살펴보았다. 그것은 어느덧 자라 있었다. 지금까지 자라지 않은 것은 에셀 나무가 아니라 나였던 셈이다.

08

비욘드 엔학고레

(Beyond En-Hakkore)

#1

사사계의 슈퍼히어로 삼손.

그는 슈퍼히어로들이 의례 그렇듯이

힘이 워낙 출중하다보니 유아독존 스타일로

단독 사역을 했다.

그날도 그는 나귀의 새 턱뼈로 보복을 하러 온

블레셋 사람들을 혼자서 천 명이나 쳐 죽였다.

 "나귀의 턱뼈로 한 더미, 두 더미를 쌓았음이여

 나귀의 턱뼈로 내가 천 명을 죽였도다"(삿 15:16).

그는 자신의 놀라운 업적을 보면서 경탄하면서 자축했다.

그러나 환희도 잠시,

그는 목이 말라 죽을 지경이 되었다.

자기 사역에 미쳐서 모든 힘을 쏟아부은 탓에

완전히 탈진했던 것이다.

그래서 그는 남은 힘을 다해 하나님께 부르짖었다.

 "삼손이 심히 목이 말라 여호와께 부르짖어 이르되

 주께서 종의 손을 통하여 이 큰 구원을 베푸셨사오나

 내가 이제 목말라 죽어서 할례받지 못한 자들의 손에

 떨어지겠나이다"(삿 15:18).

보다 못한 하나님께서는 한 샘,
곧 엔학고레를 터뜨리셨고,
삼손은 그것을 마시고 회생(回生)하게 되었다(삿 15:19).
그러나 엔학고레 이후의 삼손의 행보는 처참했다.
기생 들릴라에게 정신을 팔아 비참한 최후를 맞이한다.
엔학고레가 영원한 샘물은 아니었던 셈이다.
그저 불쌍히 여기시는 주께서 탈진한 자에게
허락한 단발성 샘일 뿐이었던 것이다.

#2

광야는 차라리 나았다.

광야는 척박하기는 했어도 불 기둥과 구름 기둥도 있었고,

만나와 메추라기가 있었다.

게다가 무엇보다도 함께 길을 가는 동료들이 있었다.

그러나 선교지 케냐는 깊은 밸리(valley)다.

이 곳엔 불 기둥이나 구름 기둥이 없다.

만나도 없고, 메추라기도 없을 뿐더러

함께 가는 동료들 또한 없다.

대신에 축축한 어둠과 때때로 출몰하는 들짐승과 독충들,

그리고 그칠 줄 모르는 목마름과 굶주림이 있다.

가만히 있어도 쉽사리 탈진해 버리는 곳에서
엔학고레는 차라리 무용지물에 가깝다.

"주님! 당신은 누구든지 목마르거든 내게로 와서 마시라,
나를 믿는 자는 성경에 이름과 같이
그 배에서 생수의 강이 흘러나오리라고 말씀하셨습니다.
당신을 더욱 믿게 하소서.
제 배에 생수의 강이 흘러나오게 하소서.
그리하여 이 계곡에서 목말라 죽지 않게 하소서!"

건기를 지나고 있는 까닭에
케냐의 모든 것이 바짝 말라가고 있다.
물 한 방울이 아쉬운 밸리에서
이글거리는 태양을 보고 있으면
문득 생수의 강을 나누던 광야의 식구들이 그리워진다.
그래서 간절히 기도하게 된다.
광야 식구들의 배에도 생수의 강이 흘러넘치기를
간절히 구하게 된다.

09

주인공 친구의
기쁨

영화나 드라마는 내러티브를 통해 관객들에게 말을 건다. 내러티브는 겉절이처럼 등장인물과 배경과 사건들을 한데 버무려 스크린이나 브라운관에 올리는데, 가장 중요한 재료는 역시 등장인물이다. 작품 속 주연들은 대부분 무거운 내러티브를 등에 지고 시종일관 힘겹게 정상을 향해 오른다. 이때 작가는 그들이 목적지에 잘 도착할 수 있도록 다양한 캐릭터를 창조하고 배치한다. 그래서 내러티브 속 주인공은 다양한 주변 인물들의 훼방 혹은 도움을 받으며 작가의 의도대로 이야기를 이끌어 간다.

캔디 캐릭터는 한국 드라마에서 흔히 볼 수 있다. 가난하지만 밝고 씩씩한 동시에 반드시 예쁜, 수많은 여주인공들은 캔디의 다양한 변화들이다. 그런데 캔디에게는 항상 따라붙는 그림자가 있다. 곁에서 그녀를 위로하고 응원하는 친구다. 캔디 캐릭터 못지않게 구태의연하긴 해도 친구 캐릭터는 매우 필수적이다. 친구 없이는 주인공이 내러티브를 끝까지 살아 낼 가능성이 희박하기 때문이다. (작가가 주인공을 무참하게 혹사시킨다는 사실을 관객들은 이미 잘 알고 있다!) 그런 점에서 친구는 캔디에게 주는 작가의 은총인 동시에 기어이 결말을 맺고야 말겠다는 작가의 의지라고 할 수 있다.

나에게도 캔디와 같은 주인공이던 시절이 있었다. 나를 주인공으로 만드는 '나의 사명'이라는 분명한 내러티브가 있었고, 친구 역할을 맡길 수 있는 지인들이 있었다. 주인공이었던 나는 내러티브의 주인공답게 웃고, 울고, 화내고, 아파하고, 극복하는 연기를 곧잘 하곤 했다. 그래서 스스로를 제법 괜찮은 배우라고 생각하며 자긍심을 갖기도 했다. 그땐 그랬다. 지금은 다 지나간 일이 되었지만 말이다.

　더 이상 주인공으로 무대에서 스포트라이트를 받을 수 없다는 것을 통감했을 때, 나는 오래도록 흠뻑 울었다. 나를 무대 밖으로 끌어내린 작가이신 그분을 붙들고 사무치게 흐느꼈다. 울음 끝에 내가 받아들은 캐릭터는 주인공의 친구였다. '나의 사명'이라는 내러티브를 버리고, '그분의 뜻'이라는 내러티브에서 내게 주어진 역할이었다. 그 후로 몇 년이 지났다. 시간의 은총을 따라 이제 나는 주인공의 친구 역할에 제법 익숙해졌다.

　소위 '차도남'(차가운 도시 남자)이라고 불리는 남자 주인공 역시 진부하기는 마찬가지다. 그럼에도 불구하고 여심(女心)이 지치지도 않고 그에게 흔들리는 데에는 다 이유가 있다. 그것은 그의 막강한 재력이나 매력적인 외모 때문만이 아니다. 오직 한 여자만을 사랑하는 순정 때문이다. 순정을 장착하지 않은 차도남은 사랑받을 수 없는 법이다.

주인공이었던 시절, 나는 그분을 차도남으로 여겼다. 다른 누구도 아닌 나만 사랑해 주고, 나에게만 온통 관심을 기울이는 것 같았기 때문이다. 그러나 그것은 착각일 뿐이었다. 그분은 다른 이들을 무시한 채 나만 사랑하셨던 적이 단 한 번도 없었다. 진실 앞에서 순전한 마음은 편애 없으신 그분을 기뻐했다. 그러나 한편에선 질투로 인하여 몹시 서운하기도 했다. 그렇게 양가감정으로 흔들리고 있을 때, 그분의 말씀이 당도했다.

"내가 아버지의 계명을 지켜 그의 사랑 안에 거하는 것같이 너희도 내 계명을 지키면 내 사랑 안에 거하리라 내가 이것을 너희에게 이름은 내 기쁨이 너희 안에 있어 너희 기쁨을 충만하게 하려 함이라 내 계명은 곧 내가 너희를 사랑한 것같이 너희도 서로 사랑하라 하는 이것이니라 사람이 친구를 위하여 자기 목숨을 버리면 이보다 더 큰 사랑이 없나니 너희는 내가 명하는 대로 행하면 곧 나의 친구라"(요 15:10-14).

그분의 간절한 소망은 나의 친구가 되어 나의 기쁨을 충만하게 하는 것이다. 그 소망을 이루시기 위해 그분은 내게 주인공 친구 역할을 맡기셨다. 사랑의 이유로 주인공을 물심양면으로 돕는 친구가 됨으로써 나는 그분의 친구가 되어 충만한 기쁨을 소유할 수 있게 되었다. 주인공이었을 때의 기쁨과는 비교도 되지 않는 완전한 기쁨이 주인공 친구에게 선사된다는 말씀 앞에서 나는 놀라지 않을 재간이 없다.

최근에 나는 새 주인공의 친구 역으로 또다시 캐스팅되었다. 새로운 캐릭터의 그녀를 어떻게 사랑할까? 고심하고 있을 때, 그분이 빙긋 웃으며 말씀하셨다.

"이제부터는 너희를 종이라 하지 아니하리니 좋은 주인이 하는 것을 알지 못함이라 너희를 친구라 하였노니 내가 내 아버지께 들은 것을 다 너희에게 알게 하였음이라"(요 15:15).

10

제이슨네
사람들

#1

바울의 선교 일행이 데살로니가에 도착했다. 머물 곳이 필요했던 그들에게 제이슨(Jason, 야손)은 기꺼이 자신의 집을 내어 주었다. 제이슨의 집을 데살로니가 선교 거점으로 삼은 후, 바울은 관례대로 안식일마다 회당에 들어가 성경을 강론했다. 말씀의 파장은 강력했다. 수많은 무리가 바울을 따랐고, 덕분에 바울을 시기하던 많은 유대인들이 그를 대적하여 소동을 일으켰다. 자신들의 나와바리(구역)를 침해당했다고 여긴 유대인 폭력배들이 바울을 잡기 위해 제이슨의 집에 무단으로 난입했다. 그러나 마침 바울은 집에 없었다. 하는 수 없이 그들은 꿩 대신 닭이라는 심정으로 제이슨과 몇몇 형제들을 잡아다 읍장들 앞에서 고소했다.

"야손(제이슨)이 그들을 맞아 들였도다 이 사람들이 다 가이사의 명을 거역하여 말하되 다른 임금 곧 예수라 하는 이가 있다 하더이다"(행 17:7).

이후 제이슨과 형제들은 보석금을 지불한 후에야 풀려날 수 있었다. 주님과 선교를 위해서 집까지 기꺼이 내어 주었던 제이슨이 받은 대가는 대중들 앞에서의 수모와 경제적 손실이었다. 선한 일을 하고 받은 대가치고는 몹시 혹독했다.

그러나 그의 믿음은 흔들리지 않았다. 오히려 그는 환난을 통과하면서 더욱 신실한 일꾼이 되어 갔다. 바울은 로마서에서 제이슨을 자신의 친척이라고 소개한다(롬 16:21). 데살로니가에서 환난을 통해 맺은 인연이 그들로 형제요, 친척이 되게 했던 것이다.

#2

혈혈단신 독립군으로 케냐 선교를 위해 떠난다고 했을 때, 제이슨네 사람들은 자신의 분깃을 기꺼이 내어 주겠다고 나섰다. 그들의 헌신으로 케냐에 정착하여 살면서, 자연스럽게 쏟아져 나오는 기도가 있다. "제이슨네 사람들 모두가 하나님의 풍성한 은혜를 전인격적으로 받아 누리게 하소서!"

가끔씩 제이슨네 사람들이 환난을 겪고 있다는 소식이 들려올 때면, 마음이 꽤 무거워진다. 그래서 선임자인 바울에게 묻지 않을 수가 없다. "제이슨이 잡혀갔을 때, 선배님의 심정은 어땠나요? 그 일로 도망치듯 제이슨의 집을 떠나게 되었을 때, 선배님은 그에게 뭐라고 했나요?" 루스드라에서 돌에 맞아서 죽다 살아난 바울이 내게 대답한다.

"우리가 하나님의 나라에 들어가려면 많은 환난을 겪어야 할 것이라" (행 14:22).

　그는 제이슨네 사람들이 겪는 환난이 은혜의 또 다른 이름이라고 말했다. 그리고 그들은 결국 환난을 이겨 내고 하나님 나라에 들어가게 될 거라고도 했다. 역시나 나와는 비교도 되지 않는 위대한 선교사다. 그래서 나는 그의 기도를 따라서 그분께 간절히 기도한다. 나의 제이슨네 사람들이 환난을 통해 모든 믿는 자들의 본이 되도록 성장하기를.

　"또 너희는 많은 환난 가운데서 성령의 기쁨으로 말씀을 받아 우리와 주를 본받은 자가 되었으니 그러므로 너희가 마게도냐(한국)과 아가야(미국)에 있는 모든 믿는 자의 본이 되었느니라"(살전 1:6-7).

11

기억하기

타동사 '낳다'는 목적어 뒤에서만 오롯해진다.

나는 '낳다'를 쓸 때마다 저릿해진다.

아기, 새끼, 알….

이런 존재들과 목적을 두고 관계를 맺기 위해서

그것이 받아야만 하는 통증이 느껴지기 때문이다.

아이 둘을 낳았던 경험 탓일 것이다.

물론, 십수 년 전의 생생했던 아픔이

지금은 '진통'이라는 추상어로 납작해졌지만 말이다.

그래도 다행인 것이 있다.

'낳다'의 목적어가 매정하지만은 않다는 것이다.

그것은 고통 뒤에 마침표를 찍는 대신 쉼표를 찍은 뒤,

곧잘 기쁨을 불러들인다.

아프게 낳은 아이 둘이 통증을 능가하는

즐거움을 주고 있는 것처럼 말이다.

예수께서 십자가에 오르셨다.

그곳은 새 백성을 낳기 위한 해산의 장소였다.

끔찍한 고통이 십자가에 똬리를 틀었다.

죽음이 큰 입을 벌려 날카로운 이빨을

그분의 목에 쑤셔 넣었다.

그리고는 희롱하듯 숨통을 조이고 풀기를 반복했다.

격렬한 고통이 온몸에 진동했다.

그러나 십자가에서는

흔한 욕지거리 한마디 떨어지는 법이 없었다.

신음소리만 쉬지 않고 흘러내릴 뿐이었다.

그분은 견디셨다.

당장의 끔찍한 고통이

장차 올 기쁨을 능가할 수 없음을 끝까지 시위하셨다.

고통 중에도 그분은 창조주답게 무언가를 낳으셨다.

어머니 마리아와 사도 요한 사이에 섬을 지으셨다.

섬의 이름은 모자(母子)였다.

"예수께서 자기의 어머니와 사랑하시는 제자가

곁에 서 있는 것을 보시고 자기 어머니께 말씀하시되

여자여 보소서 아들이니이다 하시고

또 그 제자에게 이르시되 보라 네 어머니라 하신대

그때부터 그 제자가 자기 집에 모시니라"(요 19:26-27).

예수께서는 십자가에서 새로운 관계를 창조하셨다.
자기 어머니 마리아와 아들 같은(!) 제자 요한 사이를
'모자'라는 이름으로 엮어 주셨던 것이다.
이것은 아들과 아버지 같은 스승을 잃고
어렵게 살아가야 할 그들을 위한 선물이었다.
부활과 승천으로 예수께서 완전히 부재하게 되셨을 때,
그들은 더욱 어머니와 아들이 되었을 것이다.
그리고 서로를 어머니와 아들로 부르면서
그들은 기억했을 것이다.
그들 사이에 새로운 관계를 만들어 주고 떠나신 그분이
다시 돌아올 것이라는 말씀을.

십자가 곁에서 우리는 가족을 잃었다.
아픔으로 쩔쩔매던 우리에게 그분은 한 섬을 낳으셨다.
'친구'라는 이름이었다.
친구로서 우리는 서로를 맞아들여 십자가의 말씀을 나눈다.
말씀을 통해 가족의 부재를 들여다보면서 눈물도 짓고,
여전히 어렵지만 그것의 의미도 발견한다.
그러나 더 많은 경우 우리는 아무 말도 하지 못한다.
우리의 말이 거대한 아픔에 침수되곤 했기 때문이다.

눈물이 썰물로 빠져나가면
축축하게 널브러진 말들을 찾아 널어놓는다.
그리고 그것을 말려 줄 바람과 햇살을 구하면서
우리는 기억한다.
어머니 마리아와 사도 요한처럼
우리 사이에 섬을 창조해 주신 그분,
그 말씀을 기억한다.

  "볼지어다 내가 세상 끝날까지
   너희와 항상 함께 있으리라"(마 28:20).

섬들을 떠올려 본다.
그분 안에서 관계를 맺은
수많은 어머니들과 친구들을 추억해 본다.
그분을 닮은 사람들을 기억해 본다.
그리고 그분을 기억해 본다.
기억한다는 것이 사랑한다는 것임을 알기에
끝까지 잊지 않기로 한다.

4

고독한 양치기 디도

별다른
한 선교사

#1

히브리서 기자는 4장 후반부터 10장까지 적잖이 긴 호흡으로 레시터티브(recitative, 반주에 맞추어 대사를 노래하듯이 낭송하는 것)를 들려준다. 하나님의 아들과 멜기세덱이라는 중심 코드에 맞추어 연주되는 레시터티브의 테마는 '큰 대제사장이신 예수'다. 그런데 대제사장이라고 하기에는 예수님의 출신에 하자가 있다.

그분은 유다 지파 출신이었던 것이다. 이는 명백한 모세법 위반이다. 율법에 의하면 대제사장은 아론 가문 출신이어야 한다. 이 문제를 해결하기 위해서 히브리서 기자는 예수님을 모세의 법, 곧 아론의 반차를 따른 '별다르지 않은 한 제사장'이 아니라 하나님의 법, 곧 멜기세덱의 반차를 따르는 '별다른 한 제사장'이라고 주장한다.

"우리 주께서는 유다로부터 나신 것이 분명하도다 이 지파에는 모세가 제사장들에 관하여 말한 것이 하나도 없고 멜기세덱과 같은 별다른 한 제사장이 일어난 것을 보니 더욱 분명하도다"(히 7:14-15).

아론의 반차를 따라 대제사장이 된 이들은 숫자가 많을 뿐만 아니라 제사를 반복적으로 드려야만 하는 한계를 갖는다. 그에 비해 멜기세덱의 반차를 따라 제사장이 되신 예수님은 홀로 단번의 제사를 드림으로써 온전한 구원을 이루어 내셨다. 그렇게 별다른 한 제사장이신 예수님을 통해서 하나님은 당신의 구원을 오롯하게 이루셨고, 또 이루어가는 중이시다.

#2

　새벽 묵상이 끝나면 단잠을 자고 있는 아이들을 깨운다. 눈을 비비며 강아지들처럼 부스스 일어나는 아이들을 뒤로 하고 커튼을 열어 아침을 집으로 맞아들인다. 아이들 도시락과 아침 준비로 알레그로였던 아침은 가족들 모두가 학교로 떠나고 나면 안단테로 주춤했다가 곧 아다지오로 변한다. 빨래가 햇살이랑 바람이랑 함께 천천히 소꿉놀이를 시작하면, 건기로 바짝 약이 오른 먼지를 살살 닦아 낸다.

　꾸역꾸역 몰려오는 일상의 일들이 지겹게 느껴질 때도 있지만, 그 일들이 거룩한 일이 되길 소망하면서 나는 그분의 임재를 꼼꼼히 초청한다. 묵상을 하면서 그분의 음성을 듣기 위해 귀를 활짝 열고, 말씀 나눔을 통해 그분의 일하심을 보려고 눈을 크게 뜬다. 맡겨진 어린이 큐티 원고를 쓰면서, 그분의 도우심을 간절히 구하며 숨어 계신 그분을 찾으려고 사진을 찍는다.

그분의 크심을 맛보려고 책을 읽고, 그분의 뜻을 분별하려고 청소 중에도 기도하며, 들려오는 소식들 안에 있는 그분의 섭리를 가늠하려 홀로 고독해지기도 한다. 이러한 나의 삶은 여느 성도들과 별반 다르지 않다. 별다른 게 있다면 내가 원해서가 아니라 그분이 원해서 케냐에서 살아가고 있다는 것이 전부다. 그런데도 나를 선교사라 부르며 귀하게 여기는 사람들, 건강을 염려하며 기도해 주는 사람들, 위문품을 보내 주며 위로해 주는 사람들을 만날 때면 겸연쩍어지곤 한다.

단 한 번도 선교사를 꿈꿔 본 적 없으며, 그래서 선교사가 되기 위한 그 어떤 각고(刻苦)도 해본 적이 없다는 점에서 나는 아론의 반차에 드는 사람이 아니다. 그럼에도 불구하고 나는 선교사로 불리며 살아가고 있다. 이런 사실이 도무지 믿기지 않아 스스로 퍽 가난해질 때가 있다. 가난한 마음을 기뻐하시는 주님이 말씀하신다.

"나는 별다른 한 대제사장이다. 그런 내가 별다른 곳에서 살라고 너를 불렀으니, 너는 누가 뭐래도 별다른 한 선교사란다."

#3

나는 동물보다 식물을 좋아한다. 움직이는 것을 별로 좋아하지 않다는 것이다. 그런 자가 동아시아와 북아메리카에 이어 서아프리카에서 살아가고 있다는 사실이 놀랍다. 별다른 게 없던 자가 별다른 한 제사장을 통해 별다른 한 선교사로서 살아가고 있다. 기적을 살아가는 중인 것이다. 자신의 구원을 성실하게 이루어 가시는 분이 창조하신 기적을!

로고스 씨와 연애하기

02
글렌 굴드와
풍토병

"저기, 글렌 굴드(Glenn Gould)가 연주한 바흐의 골드베르크 협
주곡 있나요?"

"아~ 골드베르크 변주곡이요?"

"예~ 그거요, 골드베르크 변주곡!"

아직 날이 새지 않은 새벽, 오래전 어느 레코드 가게에서 있었던
조금은 민망했던 일로 나는 피식 웃었다. 음반을 찾아 CD플레이
어에 넣고 틀었다. 섬세한 골드베르크 변주곡을 뽑아내기에 녀석
의 역량은 역부족이었다. 별수 없이 볼륨을 최대한 높인 후, 나는
서둘러 아이들을 깨웠다. 원래 자장가용으로 만든 곡을 아이들을
깨우는 시간에 선곡한 이유는 철들 줄 모르는 장난기 때문만은 아
니었다. 그 곡의 연주자가 기이한 피아니스트 글렌 굴드였기 때문
이다.

결국, 남편은 점점 더 심해지는 피부 발진 때문에 전문의를 만났

다. 전문의의 소견은 바이러스가 혈액에 침투해서 일으킨 일종의 풍토병일 가능성이 높다고 했다. 남편은 먹는 약과 바르는 연고를 받아 왔다. 그 후로 아들 하진 군과 내가 약을 받아 왔고, 이제는 막 딸 하영 양이 약을 받아 올 차례가 되었다. 온 가족이 풍토병에 걸린 것이다! 우리가 이곳 아프리카 사람들과는 확실히 다른 사람들이라는 것을 명백히 보여 주는 풍토병에 말이다.

잠을 자다가도 남편과 하진 군이 몸을 긁는 소리에 깨곤 했다. 풍토병을 일으킨 보이지 않는 바이러스를 신경 쓰느라 예민해졌던 것이다. 그런 때에 바이러스에 대한 공포로 한 여름에도 두꺼운 코트와 모자, 그리고 장갑까지 끼고 다녔다는 글렌 굴드를 기억해 낸 것은 어쩌면 당연한 일인지도 몰랐다. 유난히 달콤하게 느껴지는 그의 연주를 들으면서 나는 하루 종일 집안 구석구석을 닦고 또 닦았다. 그리고 자주 골똘해졌다. '아무리 그래도, 글렌 굴드처럼은 되지 말아야 할 텐데….'

커튼을 열면, 오물과 해충으로 가득한 더러운 풀밭에 아무렇지도 않게 앉기도 하고, 누워 있기도 한 사람들이 보인다. 그들을 보면서 나는 그들과 나 사이에 '풍토병'을 놓는다. 몸만 아니라 마음도 부쩍 가려워 긁으면서 나는 기도한다.

"긍휼히 여기시는 주님! 우리에게 은총을 베풀어 주소서! 글렌 굴드처럼 결벽증을 섬기기 전에, 다름 때문에 걸린 병을 치료하소서. 그래서 우리가 저들과 다르지 않은 당신의 불쌍한 백성임을 나타내소서!"

로고스 씨와 연애하기

03

두 번째 흉년
앞에서

2013년 3월 4일. 대선이 임박해 오자 큰 광풍이 일어나며 물결이 케냐에 부딪혀 들어오고 있었다. 게다가 암초 같은 범죄 사건들로 곧 파선할 것 같은 긴장감이 절정을 향해 가고 있었다.

한 소식통에 의하면 선교사들과 UN 직원들을 대상으로 한 협박 전화와 무장한 강도들의 범죄가 기승을 부리고 있다고 했다. 범죄가 일어난 곳들을 살펴보니 대부분 우리의 거처 주변이어서 마음을 더욱 조릴 수밖에 없었다. 그런데도 그분은 안전에 대해서 아무 말씀도 없으셨다. 그저 고물에서 베개를 베고 잠만 자고 계시는 것처럼 느껴졌다. 새벽녘, 어김없이 말씀 앞으로 나아갔을 때, 나는 그 옛날의 제자들처럼 그분을 흔들며 보채기 시작했다.

"주님! 많은 사람들이 대선의 광풍을 피하여 본국으로 돌아가고 있습니다. 심지어 제가 알고 있는 몇몇 가정도 대선 즈음에 출국한다고 합니다. 우리는 어찌해야 합니까? 정녕, 우리가 죽게 된 것을 돌보지 아니하십니까?"

믿음이 없다는 호통이 떨어질 만도 했다. 그러나 꾸짖음 대신에 한 말씀이 떨어졌다.

"애굽으로 내려가지 말고 내가 네게 지시하는 땅에 거주하라 이 땅에 거류하면 내가 너와 함께 있어 네게 복을 주고 내가 이 모든 땅을 너와 네 자손에게 주리라"(창 26:2-3).

아브라함 때에 이어 두 번째 거대한 흉년이 찾아왔다. 이삭은 두 번째 흉년을 피해 그랄에서 애굽으로 이주하려는 계획을 세웠다. 그러자 하나님께서 이삭을 말리셨다. 애굽으로 가는 대신에 그랄에 머물며 흉년을 견디라는 것이었다. 말씀 앞에서 나는 허탈하게 웃고 말았다. 흉년을 피해 떠나지 말라고 하셨으면, 흉년에 대한 구체적인 대책, 그러니까 충분한 양의 식량과 물을 약속해 주셔야 하는 것이 상식 아닌가! 그런데도 그분은 딴소리만 하셨다.

 그러나 오래지 않아 나는 깨달았다. 하나님께서 함께하시겠다는 축복과 함께 그 땅을 이삭과 그의 자손에게 주겠다고 약속하신 이상 흉년은 별 문제가 아니라는 것을. 심각한 흉년은 결코 이삭과 가족들을 해칠 수 없다. 약속대로 이삭과 그의 자손이 그 땅을 차지하기 위해서는 그들은 반드시 살아야 하기 때문이다.

 "안전한 애굽으로 내려가지 말고 내가 네게 지시하는 땅 케냐에 거류하라. 그러면 내가 너와 함께하겠다."

 5년 전 대선 때에 이어, 두 번째 맞이하고 있는 '안전의 흉년의 때'에 하나님은 동일한 말씀으로 우리에게 말씀하셨다. 그래서 우리는 거대한 두 번째 흉년을 피하는 대신에 말씀대로 그 앞에 애써 서 있다. 바짝 엎드려 그분의 음성에 간절히 귀를 기울이는 일이 점점 자연스러워진다. 그렇다면 두 번째 흉년이야말로 엄청난 축복이 아닌가!

 "이삭이 그 땅(그랄)에서 농사하여 그 해에 백 배나 얻었고 여호와께서 복을 주시므로 그 사람이 창대하고 왕성하여 마침내 거부가 되어"(창 26:12-13).

03

포도밭
그 무화과나무

"한 사람이 포도원에 무화과나무를 심은 것이 있더니"(눅 13:6).

때때로 자고 일어나면 생겨나는 의문이 있다.
'내가 왜 하필 이곳에?'
어쩌면 포도밭의 그 무화과나무도
나와 같은 의문으로 심한 몸살을 겪었을 지도 모른다.
그래서 삼 년이 되도록 열매를 하나도 맺지 못했을지 모른다.
자신의 원함이나 의지가 아니라
순전히 '한 사람'의 뜻과 의지로 무화과나무 밭이 아니라
굳이 포도밭에 심겨졌으니 말이다.
자글자글 뒤엉켜 있는 수많은 포도나무들 옆에
꾸어다 놓은 보릿자루처럼 서 있는 무화과나무를 바라본다.
얼굴에 외로움과 서러움이 묻어 있다.
녀석이 포도원지기에게 볼멘소리로 묻는다.
"왜 내가 하필 이곳에 있는 겁니까?"
포도원지기가 대답한다.
"열매를 풍성히 맺으라고.
포도밭의 흙은 무화과나무에게는 더할 나위 없이 비옥하니까."
그래도 다행인 것은 포도원지기가 선한 사람이라는 것이다.

"주인이여 금년에도 그대로 두소서
내가 두루 파고 거름을 주리니 이후에 만일 열매가 열면 좋거니와
그렇지 않으면 찍어버리소서"(눅 13:8–9).

열매 맺지 못한 무화과나무를 불쌍히 여긴
선한 포도원지기 때문에 무화과나무는 한 해를 벌었다.
그러나 한 해뿐이다.
다음 한 해 안에 무슨 일이 있어도 열매를 맺어야 한다.
그렇지 않으면 심판, 즉 찍혀 버림을 당하게 된다.

그분의 뜻과 의지로 나는 케냐라는 포도밭에 옮겨졌다.
그분이 그렇게 하신 이유는 열매 맺기에
이곳의 흙이 좋기 때문이다.
결국, 나는 이곳에서 주인의 기쁨을 위해
풍성한 열매를 맺어야 한다.
무화과나무인 내가 맺어야 하는 열매는
포도나 올리브가 아니다.
무화과나무인 내가 맺어야 하는 열매는 무화과,
곧 영생의 열매다.
(유일하신 참 하나님과 그가 보내신 자 예수 그리스도를 마침내 아는 것!)
그러나 옮겨 심겨진지 얼마 안 된 나에게
이곳의 흙은 그리 좋아 보이지 않는다.
그래도 그분이 좋다고 하시니까 받아들이는 수밖에 없다.
그분은 그것을 믿음이라고 하셨다.

로고스 씨와 연애하기

눈을 감고 본다.

온 땅을 검게 타들어 가게 하는

9월의 뜨거운 건기 속에서

타는 목마름을 탱글탱글한 열매로 승화시키는

포도나무가 보인다.

포도나무 옆에는 함께 갈증을 견디며

놀랍게 단 열매를 맺는 무화과나무도 보인다.

그들을 바라보며 주인과 포도원지기가 시원하게 웃고 있다.

그들과 함께 나도 웃는다.

선한 포도원지기의 특별한 관리를 받고 있고,

게다가 포도밭의 흙이 무화나무에게 썩 좋다고 하니

웃지 않을 이유가 무엇인가! 하하하!

04

고통에
이름 붙이기

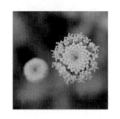

유진 피터슨의 책「비유로 말하라」(IVP, 2008)에 나오는 이야기다. 한때 그는 무릎에 생긴 병 때문에 정기적으로 병원에 다녀야 했다. 그런데 병원에서 오히려 병원균에 감염되었다. 균은 흉측하고도 아픈 종기를 만들었고, 그로 인해 그는 매우 고통스러운 나날들을 보내야 했다. 그 과정에서 그는 병을 치료하는 도중에 발생한 병을 가리켜 '의원병'(iatrogenic disease)이라고 한다는 것을 알게 되었다. 그리고 '의원병'이라는 조금은 세련된(?!) 이름 때문에 그는 종기가 주는 고통을 참고 견딜 수 있었다고 한다.

물론, 이 이야기는 유진 피터슨 본인이 만들어 낸 신조어인 '경건병'(Eusebiogenics, 의와 연관된 장소, 즉 교회나 성경 공부나 기도 모임에서 가장 자주 짓는 죄, 자기 의)이라는 개념을 쉽게 설명하기 위해서든 자기 고백적 예화다. 그런데 만일 그의 이야기를 조금 다른 맥락에서 사용한다면, 그가 많이 노여워할까?

"내 영혼이 살기에 곤비하니 내 불평을 토로하고 내 마음이 괴로운 대로 말하리라 내가 하나님께 아뢰오리니 나를 정죄하지 마시옵고 무슨 까닭으로 나와 더불어 변론하시는지 내게 알게 하옵소서"(욥 10:1~2).

욥은 고통 중에 앉아 있었다. 그런데 고통을 더욱 가중시키는 것이 있었다. 자신이 당하는 고통의 이유나 목적을 모른다는 것이었다. 괴로운 불평이 욥의 입에서 쏟아져 나오는 것은 당연했다.

유진 피터슨은 자신을 고통스럽게 했던 종기의 이름이 '의원병'이라는 것을 알고 난 후에, 비로소 고통을 받아들여 견딜 수 있었다. '의원병'이라는 이름이 종기의 원인을 오롯이 해 주었기 때문이다. 원인이나 목적을 알게 될 때, 야생마처럼 길길이 뛰던 고통도 비로소 감당할 수 있는 것으로, 혹은 참고 견딜 수 있는 것으로 길들여지는 법이다.

욥은 자기 고통을 감당하기 위해서 하나님께 고통의 원인과 목적을 알려 달라고 간구했다. 자기 고통에 이름을 붙여 달라고 토로했다. 깊은 바닷속 라합(바다 괴물) 같은 자기 고통을 길들여서 감당할 수 있게 해 달라고 매달렸다. 지금까지의 나처럼 말이다.

'선교사 신병 훈련 기간', '선교사 개론 시간', '매 맞는 사역 기간', '페인트 마르는 거 지켜보는 기간', '포도밭에 심긴 무화과나무의 날들', '구름 속의 날들'….

　그동안 선교지에서 내가 해 온 일이란 나의 고통에 이름을 붙이는 것이었다. 어떻게든 고통을 견디고 감당하기 하기 위해서 나는 고통에 이름을 붙이고 또 붙여 왔다. 꼬리에 꼬리를 물고 포효하는 사자처럼 달려드는 고통들도 말씀 안에서 이름 붙여지고 나면, 다룰 만한 애완동물로 둔갑했다.

　고통에 수없이 많은 이름을 붙이는 동안, 어느새 선교지에서의 적응이 일단락되어 가고 있다. 하지만 나는 알고 있다. 그것은 오리엔테이션일 뿐, 본격적인 고난은 이제부터 시작이라는 것을. 그러나 그분이 나와 함께하시는 임마누엘이시니 그리 염려할 것은 없다. 나는 계속해서 그분의 말씀 안에서 그분의 지혜를 따라 나의 고통에 이름을 붙일 것이고, 명찰을 단 고통을 견뎌 낼 것이기 때문이다.

05
<u>선교되기</u>

"엄마, 서양 애들은 동양 아이 하면 눈이 작다는 편견을 가지고 있어. 그래서 내가 동양 아이들 중에도 눈이 큰 아이들이 많다고 말해도 믿지를 않아!"

딸 하영 양은 편견의 폐단에 점점 눈을 떠가고 있었다. 자라나는 딸과 함께 나는 편견이라는 생활 필수 아이템(?!)에 대해서 생각해 보았다. 편견은 양날의 검과 같은 것이어서 편리함과 편안함(평안이 아닌!)을 주는 동시에 억울함과 분노를 유발시키기도 한다. 이러한 편견은 방대한 레퍼토리와 교묘한 가면을 가지고 있어서 그 실체를 파악한다는 것이 쉽지 않다. 그런데 편견의 수많은 레퍼토리들 중 하나가 '하나님의 지혜와 권능'이라면 너무 놀랄 일일까?

"지혜와 권능이 하나님께 있고
계략과 명철도 그에게 속하였나니
그가 헐으신즉 다시 세울 수 없고 사람을 가두신즉
놓아주지 못하느니라"(욥 12:13-14).

로고스 씨와 연애하기

사람들은 흔히 '하나님의 지혜와 권능'을 다음과 같은 단어 군과 연결시킨다. '세움, 승리, 평화, 유익, 정의, 평탄, 존중, 부흥, 행복, 기쁨….' 그런데 욥은 '하나님의 지혜와 권능'을 전혀 다른 단어 군과 엮는다. '추락, 무너짐, 패배, 굴욕, 어리석게 됨, 폭로, 조롱, 비웃음, 비틀거림…'(욥 12:14-25). 즉 욥은 하나님의 지혜와 권능에 대한 일반적인 편견을 깨 버렸던 것이다. 욥이 이렇게 한 이유는 과연 무엇일까?

친구들에게 고통은 지은 죄에 대한 하나님의 심판이었다. 그들은 이것을 욥에게도 예외 없이 적용시켰다. 그래서 고통 중에 있던 욥은 위로가 아니라 정죄를 받았다. 하지만 고통에 대한 욥의 생각은 친구들의 것과는 달랐다. 분명 그것은 죄의 결과이기는 하다. 그러나 모든 고통이 반드시 죄에 대한 심판은 아니라는 것이 욥의 생각이었다. 그래서 욥은 악인의 형통함을 이야기한 후, '하나님의 지혜와 권능'을 친구들의 것과는 전혀 다르게 그려 냈던 것이다.

욥에 의하면 하나님의 지혜와 권능은 파괴하고, 무너뜨리고, 패망케 하고, 굴욕을 당하게 하며, 조롱과 비웃음을 당하게 하는 것이다. 욥 자신이 바로 그 증거였다. 그렇다면 조금 다르게 생각해 볼 수 있다. 파괴되고, 무너지고, 망하고, 굴욕과 조롱과 비웃음이 난무하는 곳에도 하나님의 지혜와 권능이 서려 있는 것이다. 폐허 속에도 어김없이 드리워져 있는 것이 바로 그분의 지혜와 권능인 것이다.

케냐의 한 교회에서 행한 성찬식에 처음 참여했을 때, 나는 충격을 받았다. 빵과 포도주를 나누어 주는 멤버들 중에 여성들이 심심찮게 끼어 있었던 것이다. 여성이 회중 예배 때 찬양 인도와 대표 기도, 그리고 사회와 설교를 담당할 뿐만 아니라, 분병과 분잔에도 참여한다는 사실이 내게는 조금 불편했다.

"너희는 유대인이나 헬라인이나 종이나 자유인이나 남자나 여자나 다 그리스도 예수 안에서 하나이니라"(갈 3:28).

케냐는 전통적으로 가부장적인 사회다. 그러나 교회에서 만큼은 여성과 남성이 차별 없이 동등하게 사역을 하고 있다. 이것이 불편하게 느껴졌던 것은 개인적인 교단(대한예수교장로회 합동)과 신학(여성목사 안수 불가)과 목회적 경험(여성 목사님과 교제해 본 일이 없는)의 한계, 곧 편견 때문이었다. 거센 편견의 실체와 마주치자 나는 흔들리지 않을 재간이 없었다.

'누가 누구를 선교한다는 말인가?'

선교에는 일정한 편견이 존재한다. 선교사는 선교의 주체이자 도움을 주는 강자인 반면, 선교 대상은 선교의 타자이자 도움을 받는 약자라는 것이다. 그러나 선교의 주체는 선교사가 아니다. 선교의 주체는 하나님이시다. 하나님이 선교의 주어이자 주체이시며, 하나님만이 도움을 주는 전능자이시며, 인간은 누구나 할 것 없이 선교의 대상일 뿐이다. 물론, 선교사도 예외는 아니다.

선교사는 하나님이 행하시는 선교에 참여하도록 부름을 받은 자이다. 그러나 선교사 역시 예외 없이 하나님의 선교의 대상이다. 그러므로 나는 선교하시는 하나님의 초청으로 그분의 선교에 참여하기 위하여 케냐에서 살아가는 사람이라고 할 수 있다. 그렇게 하나님은 나를 통해 케냐를 선교하신다. 동시에 케냐 안에서 나를 선교하고 계신다.

케냐는 사회적으로 테러와 폭동의 위험으로 불안정하고, 정치적으로 불의가 가득하며, 문화적으로나 종교적으로 빠르게 세속화, 물질화되어 가고 있다. 그러나 그런 환난과 어려움 중에도 하나님의 지혜와 권능은 서려 있다. 알록달록 멋스러운 옷을 입은 여성들이 말씀과 기도와 찬양과 분병과 분잔으로 교회를 섬기는 것을 목격할 때면 그분의 지혜와 권능이 느껴지지 않을 수 없다.

나의 편견은 조금씩 깨지는 중이다. 그 과정은 분명 당황스럽고 괴로운 일이다. 그러나 하나님의 선교의 첫 걸음이 인간의 편견을 깨는 것임으로 그분의 지혜와 권능 앞에서 굴복하여 받아들일 뿐이다. 그렇게 나는 케냐 선교사로서 그분의 선교에 참여하고 있다. 그리고 동시에 케냐에서 선교되고 있는 중이다.

06

나귀 새끼를
타고 오시는 왕

로고스 씨와 연애하기

"시온 딸아 두려워하지 말라 보라 너의 왕이 나귀 새끼를 타고 오신다"(요 12:15).

시온의 왕은 나귀 새끼를 타고 오신다. 세상의 왕들과는 달리 겸손하셔서 나귀 새끼를 타고 오신다(슥 9:9). 위풍당당, 위엄, 화려함 대신에 부드럽고, 소박하고, 간소하게 오신다. 그래서 나는 '왕께서 설마 저리 초라하게 오실까?' 하고 환대하지 못할 때가 많다. 그런데 어리석은 이는 나뿐만은 아닌 것 같다.

"제자들은 처음에 이 일을 깨닫지 못하였다가 예수께서 영광을 얻으신 후에야 이것이 예수께 대하여 기록된 것임과 사람들이 예수께 이같이 한 것임이 생각났더라"(요 12:16).

사도 요한은 당시 제자들이 예수께서 나귀 새끼를 타고 예루살렘에 입성하신 이유를 몰랐다고 적는다. 그러나 때가 되었을 때, 그들은 비로소 이유를 알게 되었다. 처음에 깨닫지 못했던 말씀을 후에 알게 되는 경우는 허다하다. 그러니 미처 깨닫지 못한 말씀 때문에 조바심을 낼 필요는 없다.

그날처럼 왕께서는 종종 나귀 새끼를 타고 오신다. 특별히 제법 익숙한 복음서를 묵상할 때면 더욱 그러하시다. 익숙함을 훌쩍 넘어 식상하기까지 한 본문 묵상이 가장 어렵다. 그럴 때는 별 수 없다. 성령께 매달려야 한다. 예수께서 낯선 나귀 새끼로 제자들을 환기시키셨던 것처럼, 새로운 시선을 타고 말씀을 거닐 수 있게 해달라고 간구해야 한다. 물론, 이런 매달림도 반복하다 보면 곧 잘 물리곤 하지만 말이다.

뜬금없는 얘기지만, 내게도 나귀 새끼가 한 마리 있다. 탈탈거리는 녀석을 타고 묵상 모임을 다니는 일은 유쾌하지만은 않다. 도로를 활보하는 커다란 백마와 준마의 괄시가 만만치 않기 때문이다. 심지어는 보행자들마저도 나의 '동키'(donkey)를 우습게 여긴다. 제법 달리고 있는데도 불구하고, 내 앞에서 찻길을 가로질러 건넌다. 급브레이크를 밟는 발에서 진땀이 난다. '이래 보여도 분명 차인데, 부딪혀 다치면 어쩌려고!' 마음이 언짢아진다. 그러면 선지자들 중 한 명을 떠올리며 애써 마음을 달랜다.

"사무엘이 사는 날 동안에 이스라엘을 다스렸으되 해마다 벧엘과 길갈과 미스바로 순회하여 그 모든 곳에서 이스라엘을 다스렸고 라마로 돌아왔으니"(삼상 7:15-17).

성경은 사무엘의 교통수단을 정확히 가르쳐 주지 않는다. 그러나 나는 그것이 나귀 새끼였을 거라고 상상한다. 나귀는 선지자들의 교통수단이었으니 말이다. 나귀 새끼를 타고 이스라엘 전역을 돌아다니며 하나님의 말씀을 전했을 사무엘을 생각할 때마다, 어쩌면 그도 초라한 몰골 때문에 무시와 홀대를 당했을지 모른다는 추측을 한다. 그리고 하찮은 모양 때문에 받는 수모는 오히려 선지자를 겸손하게 했을 거라고 어림짐작한다.

   그렇게 나귀 새끼는 이스라엘 최후의 사사이자, 선지자이자, 제 사장이었던 사무엘이 자칫 교만해지지 않도록 지켜 주는 안전장 치였을 것이다. 그분은 가난한 마음을 잃지 않게 하시려고 고르고 골라 나귀 새끼를 내게 주셨다. 그것을 타고 순회하면서 나는 사 무엘처럼 말씀을 나눈다.

   나귀 새끼를 타고 오시는 왕은 친숙한 본문이다. 그래서 깨닫지 못할 때가 더 많다. 그러나 제자들의 경우처럼 때가 되면 성령께 서 깨닫게 하실 것이다. 그러니 내편에서 할 일은 나귀 새끼를 타 고 오시는 왕을 따르는 것이다. 우스꽝스러운 동키를 타고 순회 하면서 어쭙잖고 별 볼 일 없어도 기어이 말씀을 나누는 것이다. 키리에 엘레이손!

07
천국의
사냥개

바람을 지치는 날갯짓이 바빴다.

다행히 늦지는 않은 것 같았다.

이미 도착한 동료들이 떼를 지어 허공을 빙빙 돌고 있었다.

퍼레이드의 꽁무니에 합류한 까마귀는 가쁜 숨을 골랐다.

위에서 내려다본 들판은 그들 못지않게 새까맸다.

손톱만 한 두 곳만 희끗희끗할 뿐이었다.

동료들은 저마다 전쟁의 승부를 점쳤다.

새까만 쪽이 희끗한 쪽을 박살 내리라는 것이 대세였다.

까마귀에겐 아무래도 좋았다.

어쨌든 포식하게 될 것이라는 사실에 슬쩍 입맛을 다셨다.

곧 커다란 파티가 시작될 터였다.

일당백을 감당해도 턱없이 부족한 병력이었다.

수적 열세는 군기에 커다란 구멍을 냈다.

기세까지 빠진 이스라엘 군영은 싸우기도 전에 패색이 완연했다.

왕의 막사에 여호와의 말씀이 도착한 것은 그때였다.

"그때에 하나님의 사람이 이스라엘 왕에게 나아와 말하여 이르되
여호와의 말씀에 아람 사람이 말하기를 여호와는 산의 신이요
골짜기의 신은 아니라 하는도다
그러므로 내가 이 큰 군대를 다 네 손에 넘기리니
너희는 내가 여호와인 줄을 알리라 하셨나이다"(왕상 20:28).

거대한 함성과 함께 여호와 대 아람의 전쟁이 시작되었다.
싱겁게 끝날 것이라는 예상은 빗나갔다.
떡을 먹고 싶어 굿이 끝나길 고대하던 까마귀는 믿을 수 없었다.
죽어 나자빠지는 쪽은 희끗한 쪽이 아니라 새까만 쪽이었다.
놀라기는 동료들도 마찬가지였다.
그들은 말없이
바늘을 밀어 버린 턴테이블 위의 레코드판처럼
빙빙 돌 뿐이었다.
차갑고도 습한 바람 한 무더기가 지나가고 있을 때,
갑자기 한 놈이 깍깍 소리를 높였다.
"대박! 오늘 우린 로또에 맞은 거야!"

대반전의 전쟁은 성전(聖戰)이었다.
여호와께서 자신의 이름을 걸었기 때문이다.
성전의 승리는 이스라엘에게 돌아갔다.
이로써 여호와는 산과 골짜기 모두의 신이고,
아람의 신보다 위대한 신임을 만천하에 드러내셨다.
역사적으로 성전의 특징은 멸절(滅絕)이었다.

대적들을 하나도 남김없이 모조리 쳐 죽여야 했던 것이다.
그런데 어쩐 일인지 이스라엘의 왕 아합은
대적의 수장인 아람 왕 벤하닷을 살려 주었다.

 "벤하닷이 왕께 아뢰되 내 아버지께서
  당신의 아버지에게서 빼앗은 모든 성읍을 내가 돌려보내리이다
  또 내 아버지께서 사마리아에서 만든 것같이
  당신도 다메섹에서 당신을 위하여 거리를 만드소서
  아합이 이르되 내가 이 조약으로 인해 당신을 놓으리라 하고
  이에 더불어 조약을 맺고 그를 놓았더라"(왕상 20:34).

막상 전쟁에서 승리를 하고 나자,
아합은 여호와를 토사구팽했다.
그리고 승리의 공을 모조리 가로챘다.
승리감에 도취된 그는 꼴사납게 군자(君子) 코스프레를 하며
적장에게 아량을 베풀었다.
그러나 이런 와중에도 변할 수 없는 사실은 있었다.
여호와는 사냥개가 아니라
그것을 창조하신 분이라는 것이었다.
그리고 그 전쟁은 아합의 것이 아니라 여호와의 것이요,
성전이라는 것이었다.
아합은 대가를 치러야 했다.

"여호와의 말씀이 내가 멸하기로 작정한 사람(벤하닷)을
네(아합) 손으로 놓았은즉 네 목숨은 그의 목숨을 대신하고
네 백성은 그의 백성을 대신하리라"(왕상 20:42).

남편의 사역지를 생각하면 머리가 아프다.
어쩜 그리도 아합을 닮았는지!
거칠고 위험한 길을 뚫고(!) 아합에게로 달려가기 전,
그의 등 뒤에 불쌍한 그림자가 툭 떨어진다.
사냥개를 닮았다.
오늘도 그는 사냥감을 잡기 위해 동분서주할 것이다.
머리가 허옇게 세고, 이가 모조리 빠지더라도
그는 제 일을 해낼 것이다. 천국의 사냥개니까.

착취하는 아합이 이기죽거린다.
약이 오른다. 허나 별 수 없다.
장자에게 위로라도 받을까 하다가,
불변하는 사실을 애써 곱씹기로 한다.
'그럼에도 불구하고 그곳은 아합의 것이 아니라
여호와의 것이다!'
키리에 엘레이손!

08

연꽃
오바댜

로고스 씨와 연애하기

#1

처음부터 오염된 것은 아니다.

그것도 맑고 깨끗했던 때가 있었다.

못가엔 송사리 떼가 돌돌거리며 장난을 쳤고,

개구리는 수면 위에 나른한 원을 그리며 헤엄을 즐겼다.

햇살을 흠씬 안은 투명한 물은

물풀에게 광합성을 제공했고,

플랑크톤으로 물고기들을 살지게 했다.

그러나 머지않아 못은 오염되었다.

부영양화 때문이었다.

솔로몬으로부터 시작하여 여로보암 때에 완성되었던 우상의 제단으로부터 쏟아져 나온 하수(下水)가 북이스라엘을 썩게 만들었다. 부패한 물은 어린 송사리 떼로부터 시작하여 크고 작은 물고기들의 목숨을 거뒀다. 태양과 절교한 못이 어둠에 잠식당하자 물풀은 마녀의 머리칼이 되었고, 이끼는 물속 돌들을 곰보로 만들었다.

시큼 텁텁한 썩은 냄새까지 스멀스멀 기어 나오자 누구도 못 근처에 얼씬 거리지 않았다. 버려진 못은 장구벌레를 길러 내는 데 열을 올렸다. 모기떼의 습격으로 인근의 생명체들은 몸살을 앓았다. 하루라도 빨리 흙으로 매워 버리는 것이 마땅했다.

그럼에도 불구하고 못의 주인은 꼼짝하지 않았다. 그것을 포기하거나 없애 버리지 않았다. 종들은 주인을 이해할 수 없었다. 주인은 무언가를 기다리는 눈치였다. 어떤 명도 떨어지지 않았기에 그들이 할 수 있는 일 또한 기다리는 것뿐이었다.

그러던 어느 날 썩은 못 위에 예쁜 연꽃이 하나둘 피어나기 시작했다. 못이 새까맣게 썩어 갈수록, 지독한 악취가 코를 베어 내면 낼수록 연꽃의 깨끗하고 아름다운 자태는 더욱 도드라졌다. 보고도 믿을 수가 없어 눈을 비비는 종들이 부지기수였다. 비빈 눈을 깜빡이면서 종들은 무릎을 쳤다. 주인이 기다린 것이 바로 이거였구나! 주인은 연꽃의 숨은 꽃봉오리를 이미 보셨던 거로구나!

#2

늦은 새벽, 종이 못가로 나간다. 축축하고 무거운 공기를 발로 톡톡 건드리자 못의 체취가 기지개를 켠다. 손가락이 재빨리 코를 쥐고 세게 비튼다. 통증이 악취보다 견디기 쉽다는 듯이.

밤새 굶주린 모기들이 기회를 엿보는 소리가 시끄럽다. 연신 모기를 쫓으며 도착한 연못엔 연꽃이 한창이다. 썩은 물, 악취, 모기떼 속에 핀 아름다운 꽃이 역설적으로 다가온다. 연꽃의 이름은 오바댜다. 극도의 부영양화의 시대, 아합의 못에 핀 연꽃 오바댜는 뱀처럼 지혜롭고 비둘기처럼 순결하다.

"아합이 왕궁 맡은 자 오바댜를 불렀으니 이 오바댜는 여호와를 지극히 경외하는 자라 이세벨이 여호와의 선지자들을 멸할 때에 오바댜가 선지자 백 명을 가지고 오십 명씩 굴에 숨기고 떡과 물을 먹였더라"(왕상 18:3-4).

우상의 제단에서 흘러나온 하수가 썩게 만든 것은 북이스라엘만이 아니었다. 그것은 그분의 못이라면 어떻게든 스며들어 오염시켰다. 지금껏 종의 눈에 가망 있는 못은 없었다. 부영양화의 정도가 상대적으로 약한 못들을 본적이 있긴 했지만, 종은 경험적으로 알고 있었다. 그것은 시간 문제였다. 결국은 완전히 썩을 것이었다.

썩어 빠진 못 위에 순결하고 아름다운 꽃이라니! 종의 얼굴이 가래떡처럼 하얗게 굳는다. 서둘러 모든 감각을 가동시킨다. 바알

숭배자였던 아합 왕을 섬기면서도, 끝까지 여호와를 경외했던 오바댜의 고충이 뼈아프다. 생사의 갈림길에서 생명을 선택하느라 고군분투하던 그에게 괴로운 땀 냄새가 난다.

  이반 데니소비치보다 더 지혜로운 그의 소박한 일상을 가까이 들여다본다. 끝도 없이 울부짖었던 기도 한 소절을 들어 본다. 근심하느라 잃어버린 그의 입맛을 찾아 두리번거린다. 그러면서 좋은 깨닫는다. 자신의 해야 할 일을 오롯이 한다. 그것은 깨끗한 못을 찾아다니는 것도, 더러운 못을 깨끗하게 만드는 것도 아니다. 그것은 썩어가는 못에 뿌리를 박은 뒤, 지혜롭고도 순결하게 물 위에 꽃을 피워 내는 것이다. 오바댜가 그랬던 것처럼!

흐린 세상을 욕하지마라

진흙탕에 온 가슴을

적시면서

대낮에도 밝아 있는

저 등불 하나

— 이외수의 시, 「연꽃」

09

와스디를
위하여

로고스 씨와 연애하기

대단한 그림임에는 틀림이 없었다. 적어도 크기와 재료의 호화로움에 있어서만큼은 말이다. 그림 속에는 거대한 용 한 마리가 만만치 않은 공간을 모두 장악하고 있었다. 그것은 백색, 녹색, 청색 휘장을 두르고, 화반석, 백석, 운모석, 흑석을 깐 땅 위에 마련된 금과 은으로 만든 의자에 앉아서, 술이 가득한 금잔을 들고는 화려한 위용을 자랑하고 있었다. '이생의 자랑'이라는 제목에 볼맞는 그림이었다.

화가였던 바사 왕 아하수에로는 그림을 위해 어떤 수고와 희생도 마다하지 않았다. 그는 180일 동안 자신의 금고를 털어 온 지방 관리들에게 잔치를 베풀었고, 내친김에 7일을 연장하여 수산성의 주민들을 위해 화려한 잔치를 배설했다. 그러나 화가의 극성스런 공들임은 어이없게도 한 순간에 수포로 돌아가고 말았다.

그림이 완성되던 날, 그러니까 187일째 되던 날, 화가의 아내였던 왕후 와스디로 인하여 먹물이 용의 눈 밖으로 튀어 번졌던 것이다. 화룡점정에 실패한 용은 눈알을 빼앗긴 흉물이 되어 버렸다. 아이러니하게도 그래서 그림은 '이생의 자랑'이라는 제목과 더욱 잘 어울려 보였다.

화가의 편에서 완전히 망친 그림은 공교롭게도 하나님의 편에서는 걸작이었다. 자기 과시를 위해 6개월 하고도 일주일을 모조리 탕진한 아하수에로는 용이 아니라 차라리 눈먼 이무기였다. 그리고 왕이 이생의 자랑에 눈이 멀었다는 것을 만천하에 폭로한 와스디는 일종의 리포터였다.

'이생의 자랑'이 스스로를 용이라 여기는 눈먼 괴물의 헛짓거리라는 점에서 화룡점정을 실패케 한 와스디는 하나님께 쓰임 받은 사람이라고 할 수 있을 것이다.

그녀는 마지막 술판에 나와서 왕의 자랑거리, 사람들의 노리개 거리가 되라는 왕명을 거스름으로써 임금의 그림을 망쳐 버렸다. 그 것은 자신이 누군가에 의해 통제를 받고, 조종을 당하는 소유물이 아니라 자유의지를 가진 인격임을 시위한 것이었다. 와스디는 이름 뜻 그대로 '가장 사랑하는 사람'으로서 존중받고 싶었던 것이다.

공들임이 큰 만큼 낭패감도 컸을 터였다. 분노 조절에 실패한 왕은 홧김에 그림을 망친 왕후 와스디를 폐위시켰고, 신붓감 쇼핑을 통해 고르고 골라 에스더를 아내로 맞아들였다. 이 과정을 하나님의 섭리라는 렌즈로 들여다보면, 가장 아름다웠던 꽃 와스디가 떨어져 나간 자리에 가장 옹골진 열매 에스더가 맺힌 것이라고 할 수 있다. 온 유대인들의 생명의 양식이 될 열매가 와스디가 떨어진 자리에 열린 것이다.

내게도 와스디였던 적이 있었다. 왕후였던 시절, 아하수에로를 사랑했던 나는 그 역시 나를 인격적으로 아껴 주길 간절히 원했다. 그러나 그에게 나는 이용 가치가 적잖은 도구일 뿐이었다. 그래서 그에게서 간혹 걸려 오는 전화는 흔한 안부도 없이 책망과 순종에의 요구 일색이었다.

인격적으로 사랑을 받고 싶었던 탓에 와스디는 줄곧 그와 맞섰고, 그 바람에 왕후의 자리를 박탈당하고 말았다. 그러나 사실 왕후의 자리는 강탈당한 것이 아니라 스스로 내던진 것이었다. 그러니까 내 쪽에서 먼저 그와의 관계를 청산했던 것이다.

일의 결국을 모두 알고 있었던 에스더서 저자와는 달리, 나는 일개 캐릭터일 뿐이다. 그래서 내가 떨어져 나간 자리에 어떤 열매가 맺혔는지는 알 길이 없다.

그러나 모든 캐릭터들을 창조하시고, 그들 간의 관계를 조율하시고, 그들의 등장과 퇴장을 결정하시는 분께서 거창하게 자기 과시를 해야 할 만큼 내면이 연약한 왕, 사람을 인격이 아니라 도구로만 대하는 어리석은 왕, 하만 같은 자를 가까이 둘 만큼 미련한 왕으로부터 자기 백성을 구원하시기 위해 에스더를 등장시키실 것을 믿는다.

그것 외에 한때나마 왕을 사랑했던 폐위된 왕후로서 더 바랄 것이 무엇이겠는가?

10

에스라의
손

#1

제단 앞에서 에스라는 여호와를 향하여 손을 들었다. 이스라엘의 죄가 묻은 더러운 손이었다. 고결한 아론의 혈통이라는 자부심이 무색해지는 순간이었다. 시나브로 내리는 어둠이 불결한 손의 부끄러움을 가려 주었다. '여호와의 손' 마니아였던 에스라의 저녁 제사는 통곡과 눈물로 활활 타오르고 있었다.

2

"For the gracious hand of his God was on him"(스 7:9, NIV).

"Because the hand of the Lord my God was on me"(스 7:28, NIV).

"Because the gracious hand of our God was on us"(스 8:18, NIV).

"The hand of our God was on us"(스 8:31, NIV).

바벨론에서 에스라는 뭐 하나 아쉬울 게 없었다. 초대 제사장 아론의 가문에다 아닥사스다 왕의 총애까지 받고 있었던 터였다. 그런데도 그는 2차 포로귀환 때 유대인들을 이끌고 황량한 예루살렘으로 이주해 왔다. 학자이자 목사로서 여호와의 율법을 연구하고 준행하며, 그것을 동족에게 가르치고 싶은 뜨거운 열의 때문이었다(스 7:10). 이러한 열정의 에스라가 유독 열광했던 신학이 있었다. '하나님 여호와의 전능함'이었다. 그는 호위 무사 없이 진행된 2차 포로귀환, 제사와 절기의 회복, 성전 일꾼 모집의 전 과정을 '여호와의 손(도움)'과 꼼꼼히 연결시켰다. 여호와의 손은 그를 실망시키지 않았고, 그래서 그는 의기양양했다.

성전 중심의 종교 활동이 원활하게 진행되자, 자기만족이 에스라의 마음에 스멀스멀 고여 들었다. 사나운 소식이 에스라를 덮친 것은 바로 그때였다. 깨끗한 성전 안과는 달리, 성전 바깥은 불의로

곪아 가고 있었다. 유대인들이 이방인들과 심심찮게 결혼했던 것이다. 이방인들과의 결혼은 단순한 국제결혼이 아니었다. 그것은 이방신을 섬기는 빌미를 제공해 주었기 때문에 율법에서 엄히 금하는 것이었다. 갑작스런 적의 습격으로 뒷덜미를 물어뜯긴 에스라는 옷과 머리와 수염을 쥐어뜯으며 한동안 망연자실했다(스 9:3).

거를 수 없는 끼니 같은 저녁 제사가 도착했다. 에스라는 제단으로 나아갔다. 의무와 책임의 사람에게 감정을 추스를 시간은 하루를 넘길 수 없는 법이었다. 그는 무릎을 꿇은 뒤, 하나님 여호와를 향해 손을 들었다. 여호와의 손과 종교적 자기만족에 도취되어 이스라엘의 삶을 제대로 돌보지 못한 부정한 손을 거룩하신 하나님께 내밀었다. 그제야 참았던 눈물이 쏟아졌다.

"나의 하나님이여 내가 부끄럽고 낯이 뜨거워서 감히 나의 하나님을 향하여 얼굴을 들지 못하오니 이는 우리 죄악이 많아 정수리에 넘치고 우리 허물이 커서 하늘에 미침이니이다"(스 9:6).

#3

에스라서는 이방인들과 혼인했던 사람들의 명단으로 갈무리된다. 제사장으로부터 시작하여 레위 사람, 노래하는 사람들을 거쳐 일반 백성에 이르기까지 꼼꼼히 밝히고 있다. 결말치고는 요상했다. 소위 말하는 열린 결말이라고 해도 썩 개운치가 않았다.

"이상은 모두 이방 여인을 아내로 맞이한 자라 그 중에는 자녀를 낳은 여인도 있었더라"(스 10:44).

마지막 문장 곁을 잠시 지키고 있을 때, 바다를 짜게 만들고 있다는 장본인이 기억의 수면으로 떠올랐다. 깊은 바다 속에 가라앉은 채, 끝없이 소금을 뱉어 내고 있다는 동화 속 그 맷돌이었다. 맷돌이 끝임없이 소금을 만들어 바다를 짜게 하듯이, 이스라엘은 꾸준히 이방인들과의 혼인으로 우상숭배를 재생산하는 중이라는 것이 에스라서의 결론처럼 보였다. 이때 이스라엘의 우상숭배는 에스라의 손, 곧 에스라의 능력 밖의 일임이 공공연해진다.

#4

　손을 거둬들인 에스라는 제단의 불을 응시했다. 쉴 새 없이 움직이는 불의 율동 위로 무언가가 어른거렸다. 자세히 보니 손이었다. 나무 위에 얹혀 있는 손에는 커다란 못이 박혀 있었다. 놀란 에스라는 몇 번 눈을 깜빡인 뒤 다시 제단의 불을 보았다. 어른거리던 이미지는 이미 사라지고 없었다. 나무가 탁탁 소리를 낼 때마다 주황빛 불의 파편이 어지럽게 흩어질 뿐이었다. 에스라는 여호와 하나님을 향하여 다시 손을 들었다. 그것은 성전 중심의 종교 활동을 넘어서서 하나님의 손뿐만 아니라 얼굴도 구하겠다는 다짐이었다.

11
고독한 양치기
디도

중학생 시절, 내겐 은색 카세트가 있었다.

그것은 작은 내 방과는 어울리지 않는 커다란 덩치에

정체 모를 여러 버튼들을 훈장처럼 달고 있었다.

내가 특별히 좋아했던 것은 빨간색 동그라미와

까만색 세모가 그려진 것이었다.

녀석들을 동시에 누르면 온갖 소리를 녹음할 수 있었다.

그 시절 나는 라디오 방송이라는 양식장에

낚싯대를 놓고 기다리다가 좋아하는 음악이 미끼를 물면

두 개의 버튼을 뜰채 삼아 손쉽게 물고기를 잡곤 했었다.

시기적으로 무엇이든 모으고,

수집하는 것을 좋아하는 수렵·채집기를 지나고 있던 터라

녹음 기능은 여간 매력적인 게 아니었다.

그 시절 채집했던 음악들은 주로 외국 팝송과 경음악이었다.

공 테이프 속에 잡아 둔 고기들 중

지금도 기억에 남아 있는 경음악이 하나 있다.

그 음악을 들을 때면 매번 같은 이미지가
머릿속에 그림처럼 걸리곤 한다.
스러져 가는 주홍빛 석양이 빚어내는 검은 실루엣.
어디선가 들려오는 손바닥만 한 나무 소리.
팬 플루트에서 풍겨 나오는 그윽한 낙엽 냄새.
이런 것들이 뒤엉켜 기억의 갤러리에 걸려 있는 음악은
'고독한 양치기'(The Lonely Shepherd)다.
그런데 어느 날 그 음악이 디도서에서 흘러나왔다.

  "그레데인들은 항상 거짓말쟁이며
  악한 짐승이며 배만 위하는 게으름뱅이라"(딛 1:12).

거짓과 탐욕의 섬이라 불리는 악명 높은 곳, 그레데.
편애 없으신 주님은 그곳에도 기어이 교회를 세우고 마셨다.
양들이 목자의 음성을 그레데 교회에서 듣고 하나둘 모여들었다.
그러자 굶주린 승냥이들(온갖 이단들)이 군침을 흘리기 시작했다.
급기야 승냥이들은 양가죽을 뒤집어쓰고 교회에 들어와
양들을 하나씩 꾀어 집어삼키기 시작했고,
침입자들의 숙주가 된 교회는 갈수록 빈털터리가 되었다.
그레데 교회의 젖어미였던 바울은
이를 더 이상 좌시할 수 없었다.
그래서 특별 전담반을 꾸리기로 마음먹었다.
승냥이들을 쫓아내고, 남은 양들을 보호하고

살뜰히 돌볼 목자들(장로들)을 세우기로 한 것이다.
디도가 이 모든 일을 총괄하는 목자로 임명되었다.

"같은 믿음을 따라 나의 참 아들된 디도에게 편지하노니
하나님 아버지와 그리스도 예수 우리 구주로부터
은혜와 평강이 네게 있을지어다
내가 너를 그레데에 남겨 둔 이유는 남은 일을 정리하고
내가 명한 대로 각 성에 장로들을 세우게 하려 함이니"(딛 1:4-5).

바울이 디도를 지목한 이유는
그가 '같은 믿음을 따라 낳은 참 아들'이었기 때문이다.
바울의 전폭적인 믿음과 지지 때문에
디도는 졸지에 양치기가 되었다.
한데 잠을 자며 홀로 양을 치는 일은
천하고, 힘들고, 고독한 일이었다.
게다가 양을 쳐야 하는 곳이 승냥이들로 북적거렸으니
무엇을 상상하든 그 이상의 고난이 도사리고 있을 터였다.

아버지는 아들에게 가치 있는 일을 시키는 법이다.
물론, 가치 있는 일은 예외 없이 힘들기 마련이다.
아들이신 그분이 감당하셨던 십자가처럼 말이다.
바울은 참 아들 디도를 승냥이 떼가 우글거리는
그레데의 양치기로 삼았다.

가치가 있는 일이었기 때문이다.
양치기 디도는 양 떼를 지키기 위해 승냥이와 싸우면서,
그리고 젊은 외부 사람이라고
은근히 무시하는 양들과의 관계 속에서
다치고 아파서 쩔쩔맸을 것이다.
케냐에서 우리가 그랬던 것처럼 말이다.

"같은 믿음을 따라 나의 참 아들이 된 너희에게."

날것 그대로의 고생을 씹고 있는
고독한 양치기인 우리에게 편지가 당도한다.
우리는 읽고 또 읽으면서 그것을 상처에 바르고 붙이고 싸맨다.
편지를 보낸 바울의 음성이
팬플루트 음색으로 석양에 걸린다.
주홍빛 위로가 따뜻하게 퍼져 나간다.
컹컹 짖던 케냐의 승냥이들마저 잠잠해진다.

It wasn't easy, but it was worth it.

고독한 양치기 디도와 함께
나는 다시 참 아들이 되기로 한다.
쉽지 않은 일, 그러나 가치 있는 일을 선택하기로 한다.
오늘도 어제처럼. 키리에 엘레이손!

12

Good-bye,
Mr. 9시 일꾼

#1

"그런즉 내 상(reward)이 무엇이냐 내가 복음을 전할 때에 값없이 전하고 복음으로 말미암아 내게 있는 권리를 다 쓰지 아니하는 이것이로다"(고전 9:18).

상(reward)은 수고한 일로 인해서 받는 보답, 보수, 사례를 의미한다. 이러한 리워드가 창조되기 위해서는 먼저 수고한 일이 상대에게 유익이 되어야 한다. 그리고 도움을 받은 상대가 수고한 자에게 기꺼이 보답을 하고자 해야 한다. 이와 같은 선결 조건이 충족되면 리워드는 감사의 말이나, 수고한 자를 귀히 여김, 혹은 물질적 보상 등으로 구체화된다.

바울의 수고로 인하여 복음이 고린도 지방에 전파되었다. 그는 카멜레온이 되는 것도 마다하지 않았다. 유대인에게는 유대인이 되었고, 이방인에게는 이방인이 되었으며, 연약한 자들에게는 연약한 자가 되었다. 아무쪼록 몇 사람이라도 구원하기 위해서였다(고전 9:20-2).

이와 같은 바울의 수고로 마침내 복음은 고린도 교회를 낳았다. 그러므로 바울은 리워드를 받을 만했다. 즉 고린도 교회는 바울에게 마땅히 감사를 표현해야 했고, 그를 존귀하게 여겨야 했으며, 물질로 그의 생활과 사역을 도와야 했던 것이다. 그러나 바울은 이 모든 리워드를 마다했다. 자신에게 리워드는 '복음을 위해서 일한 것 자체'라는 것이었다.

"내가 복음을 위하여 모든 것을 행함은

복음에 참여하고자 함이라"(고전 9:23).

#2

생일날 새벽, 나는 그분께 선물을 구했다. 아니, 정확히 나는 리워드를 구했다. 그러자 그분이 말씀하셨다.

"복음에 참여하고 있으니 너는 이미 상을 받았다."
"그런 건 바울에게나 리워드라고요!"

사춘기 아이처럼 마음이 삐딱해졌다. 마음의 문을 쿵 닫아 버린 뒤, 뾰족하게 웅크리고 앉았다. 갑자기 누군가가 문을 두드렸다. 몇 번 두드리다 말겠지 생각했는데, 문 밖의 누군가는 집요했다. 신경질적으로 문을 열었을 때, 한 낯선 사람이 서 있었다. 그는 자신을 9시 일꾼이라고 소개했다.

"마태복음 20장에 나오는 그 9시 일꾼이요?"
"네!"
"그런데 무슨 일로 오셨어요?"
"당신도 제 억울한 사연을 잘 알고 있을 거라 생각합니다. 하루 종일 뙤약볕에서 포도원을 가꾼 저나 하루 종일 놀다가 오후 5시께 온 일꾼이나 똑같이 한 데나리온을 받는 게 말이 됩니까? 그러니까 우리 함께 연대해서 포도원 주인에게 맞서 투쟁합시다!"

그는 머리끈 하나를 내밀었다. 그것에는 '포도원 주인은 차별적 리워드를 보장하라!'라고 쓰여 있었다. 그의 호전적인 태도가 나로 뒷걸음질을 치게 했다. 나는 좀 더 생각해 보겠다고 둘러댄 뒤에 서둘러 문을 잠갔다. 그는 가타부타 확실히 얘기해 줄 때까지 문 앞을 떠나지 않겠다고 으름장을 놓았다.

문 밖에서 9시 일꾼이 부르는 투쟁가가 시끄럽게 들려왔다. 어쨌든 나는 그에게 확답을 주어야 했다. 부담감이 밀려왔다. 그래서 일단은 방을 빠져나가기로 마음먹었다. 창문을 통해 밖으로 빠져나오기는 했으나 딱히 갈 데가 없었다. 그래서 9시 일꾼이 일했던 포도원을 찾아가기로 했다.

포도원에 도착했을 때, 한 사람이 보였다. 그에게는 9시 일꾼과는 사뭇 다른 평온함이 엿보였다. 그는 자신을 오후 5시 일꾼이라고 소개했다.

"9시 일꾼은 화가 잔뜩 나 있던데, 당신은 마냥 행복해 보이네요!"

비아냥거리는 목소리가 입 밖으로 튀쳐나왔다. 평온하던 5시 일꾼의 얼굴이 벌겋게 달아올랐다.

"그래도, 저는 9시 일꾼이 얼마나 부러운지 몰라요!"

"하루 종일 뼈 빠지게 일하고도 당신과 똑같은 한 데나리온을 받은 9시 일꾼한테 미안하지는 않고요?"

"미안하다니요? 포도원 주인께서 약속하신 한 데나리온을 그가 받았잖아요?"

"그야, 뭐 그렇긴 하지만…."

"5시에 가까스로 포도원 일꾼이 되기까지 제가 어떻게 지냈을 거라고 생각하세요? 저는 종일토록 서성거리면서 두려움과 불안함, 그리고 배고픔에 허덕이면서 지냈답니다. 저에 비하면 일찍부터 포도원 일꾼이 된 9시 일꾼은 얼마나 복이 많은 사람인지! 그는 주인의 포도원에 속한 소속감으로 하루 종일 평온하게 포도원을 가꾸었을 것입니다. 그뿐입니까? 때마다 나오는 새참이며, 간식이며, 잘 익은 포도까지도 마음껏 즐겼을 것 아닙니까?"

#3

포도원 일꾼 이야기는 이렇게 맺는다.

"이와 같이 나중 된 자로서 먼저 되고 먼저 된 자로서 나중 되리라"(마 20:16).

그리고 사도 바울의 리워드 이야기는 이렇게 맺는다.

"내가 내 몸을 쳐 복종하게 함은 내가 남에게 전파한 후에 자신이 도리어 버림을 당할까 두려워함이로다"(고전 9:27).

집으로 돌아온 나는 두 개의 엔딩을 놓고 한참 동안 생각했다. 그리고 마침내 문을 열었다. 9시 일꾼이 초조하게 기다리고 있었다. 나는 그에게 머리끈을 돌려주며 말했다.
"저는 주인에게 대항하지 않겠습니다!"

복음을 위해 케냐에서 사는 것, 사막의 그리스도인으로서 침묵과 고독을 견디는 것, 진리와 관계하면서 고통스럽게 변화하는 것. 나는 이 모든 것이 리워드임을 애써 받아들이기로 한다. 여전히 어리석어 이러한 리워드가 즐겁지만은 않지만 말이다.
저만치 9시 일꾼이 멀어져 간다. 주먹을 불끈 쥐고 투쟁가를 불러 대며 간다. 사라져 가는 그를 향해 나는 혼잣말을 한다.
"Good-bye, Mr. 9시 일꾼! 다시는 찾아오지 마라!"

로고스 씨와 연애하기